新疆通史

HISTORY OF XIN JIANG PICTURE Ⅰ

图 录

《新疆通史·图录》编撰委员会 编

先秦 秦汉

文物出版社

图书在版编目（CIP）数据

新疆通史·图录.先秦　秦汉/吴敦夫主编；
《新疆通史·图录》编撰委员会编.-- 北京：文物出版社，
2019.6
ISBN 978-7-5010-4783-3

Ⅰ.①新…　Ⅱ.①吴…②新…　Ⅲ.①新疆－地方史－
先秦时代－图集②新疆－地方史－秦汉时代－图集
Ⅳ.①K294.5-64

中国版本图书馆 CIP 数据核字（2016）第 232796 号

新疆通史·图录　先秦 秦汉

编　　　者　《新疆通史·图录》编撰委员会
责任编辑　王　戈　李　睿
责任印制　陈　杰
装帧设计　雅昌设计中心·北京·田之友
出版发行　文物出版社
地　　　址　北京市东直门内北小街 2 号楼
　　　　　　邮政编码：100007
　　　　　　www.wenwu.com
　　　　　　web@wemwu.com
印　　　刷　北京雅昌艺术印刷有限公司
经　　　销　新华书店
开　　　本　635 毫米 ×965 毫米　1/8
印　　　张　42
版　　　次　2019 年 6 月第 1 版
印　　　次　2019 年 6 月第 1 次印刷
书　　　号　ISBN 978-7-5010-4783-3
审 图 号　新 S（2016）368 号
定　　　价　588.00 元

《新疆通史·图录》编撰委员会

主　编　吴敦夫

副主编　苗普生　葛承雍

编　委　于志勇　刘国防　李文瑛　刘玉生

陈　霞　王　伟

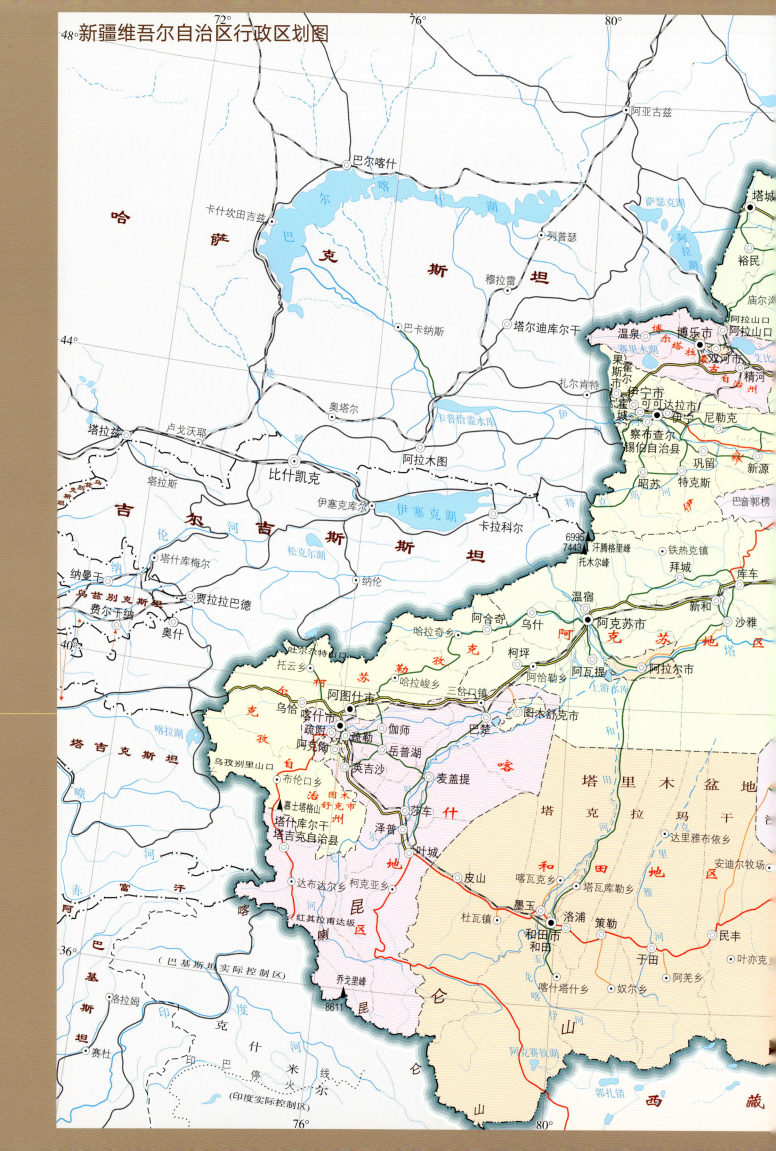

新疆维吾尔自治区行政区划图

哈　萨　克　斯　坦

吉　尔　吉　斯　坦

塔吉克斯坦

巴基斯坦

阿富汗

乌兹别克斯坦

巴尔喀什

卡什坎田吉兹

喀尔什湖

列普瑟

穆拉雷

塔尔迪库尔干

巴卡纳斯

扎尔肯特

奥塔尔

塔拉兹

卢戈沃耶

阿拉木图

比什凯克

伊塞克库尔

伊塞克湖

卡拉科尔

塔拉斯

纳伦

塔什库梅尔

纳曼干

贾拉拉巴德

费尔干纳

奥什

喀拉湖

塔城
裕民
庙尔沟
阿拉山口
博乐市
阿拉山口
温泉
博尔塔拉
赛里木湖
果子沟
双河市
霍尔果斯市
精河
伊犁哈萨克州
伊宁市
可可达拉市
霍城
伊宁
尼勒克
察布查尔锡伯自治县
巩留
新源
昭苏
特克斯
巴音郭楞
汗腾格里峰
6995
7443
托木尔峰
铁热克镇
拜城
库车
新和
沙雅
温宿
阿克苏市
阿克苏地区
塔
阿合奇
乌什
阿瓦提
哈拉奇乡
柯坪
阿恰勒乡
上游水库
阿拉尔市
克孜勒苏
三岔口镇
图木舒克市
托云乡
哈拉峻乡
阿图什市
乌恰
喀什市
疏附
疏勒
伽师
巴楚
里
岳普湖
吐尔尕特山口
乌孜别里山口
布伦口乡
慕士塔格山
英吉沙
麦盖提
喀什地区
塔
木
塔克拉
玛
盆地
达里雅布依乡
安迪尔牧场
塔什库尔干塔吉克自治县
莎车
泽普
叶城
皮山
喀瓦克乡
塔瓦库勒乡
和田地区
墨玉
洛浦
策勒
民丰
叶亦克
达布达尔乡
柯克亚乡
昆仑
杜瓦镇
和田市
和田
于田
喀什塔什乡
奴尔乡
阿羌乡
红其拉甫达坂
喇
乔戈里峰
8611
昆仑山
郭扎错
西藏
（巴基斯坦实际控制区）
赛杜
洛拉姆
印度
巴
停
米
尔
火
线
（印度实际控制区）

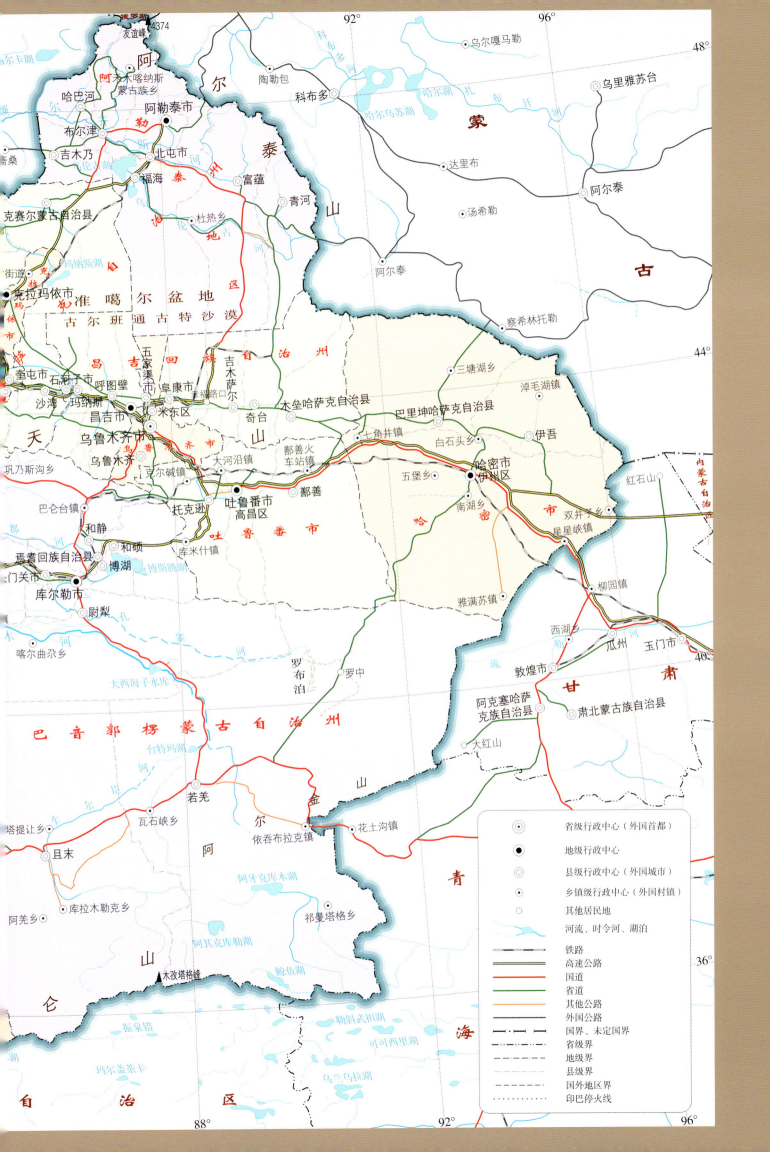

友谊峰 4374
阿尔泰
阿
末木喀纳斯
蒙古族乡
哈巴河
阿勒泰市
布尔津
吉木乃
泰
北屯市
福海
富蕴
青河
山
杜热乡
克赛尔蒙古自治县
地
古
区
准噶尔盆地
克拉玛依市
昌
吉
回
古尔班通古特沙漠
吉木萨尔
自
治
州
五家渠市
奎屯市
石河子市
呼图壁
昌吉市
阜康市
福路口乡
木垒哈萨克自治县
巴里坤哈萨克自治县
沙湾
玛纳斯
米东区
奇台
山
天
乌鲁木齐市
乌鲁木齐
克尔碱镇
大河沿镇
鄯善火
车站镇
七角井镇
白石头乡
伊吾
巩乃斯沟乡
吐鲁番市
高昌区
鄯善
五堡乡
哈密市
伊州区
红石山
巴仑台镇
托克逊
哈
南湖乡
密
和静
库米什镇
双井子乡
和硕
吐鲁番市
星星峡镇
焉耆回族自治县
博湖
博斯腾湖
市
门关市
库尔勒市
雅满苏镇
柳园镇
尉犁
西湖乡
瓜州
玉门市
喀尔曲尕乡
敦煌市
甘
肃
罗布
泊
罗中
巴音郭楞蒙古自治州
台特玛湖
阿克塞哈萨
克族自治县
肃北蒙古族自治县
若羌
大红山
塔提让乡
瓦石峡乡
尔
依吞布拉克镇
花土沟镇
阿
山
金
且末
青
阿牙克库木湖
库拉木勒克乡
阿羌乡
山
仑
木孜塔格峰
振泉错
自
治
区
勒斜武担湖
海
阿其克库勒湖
祁曼塔格乡
鲸鱼湖
乌
兰
乌
拉
湖
玛尔盖茶卡
可可西里湖
俄罗斯
蒙
古
乌尔嘎马勒
乌里雅苏台
科布多
陶勒包
哈尔湖 扎
哈尔乌苏湖
达里布
阿尔泰
汤希勒
察希林托勒
三塘湖乡
淖毛湖镇

图例
省级行政中心（外国首都）
地级行政中心
县级行政中心（外国城市）
乡镇级行政中心（外国村镇）
其他居民地
河流、时令河、湖泊
铁路
高速公路
国道
省道
其他公路
外国公路
国界、未定国界
省级界
地级界
县级界
国外地区界
印巴停火线

新疆维吾尔自治区丝绸之路沿线
重要遗迹、遗址及墓群分布示意图

阿尔泰山

巴尔喀什
阿普沙甫
阿勒泰湖

乌埃奇
塔城
卫校古墓
额敏
榆民
托里
克拉

塔尔克克温布干
温泉
博乐
达勒特古城
精河
博罗科

卡拉胡勒斯
卡姆卡雷

阿日夏特石人墓
索伦古墓
吐虎鲁克·铁木尔汗麻扎
吐鲁番于孜城遗址
霍城
伊宁
察布查尔
昭苏

尼勒克
巩留
新源
特克斯

阿拉木图

霍
山

塔拉兹
比什凯克

克孜尔石窟
克孜尔杂哈烽燧
拜城
库车
龟兹古城
轮台古
乌什科特古城
新河
大故城
唐王城
沙雅
博斯坦托格拉克古城

希姆肯特

纳曼干
浩罕
锡尔干得
奥什

别迭里烽燧
乌什
阿克苏
温宿

喀拉铁克山

柯坪

阿瓦提
阿拉尔

托库孜萨来遗址
图木舒克
图木舒克遗址
巴楚

塔里木盆地

塔克拉玛干沙漠

阿图什
喀什
莫尔佛塔
疏勒
伽师
岳普湖
阿克陶
英吉沙
麦盖提

麻扎塔格戍堡遗址
圆沙古城
安迪尔古城遗址
精绝古城
尼雅遗址

石头城遗址
公主堡遗址
棋盘石窟
喀

沙车
泽普
叶城
皮山

墨玉
热瓦克佛寺遗址
和田
策勒
于田
民丰

喇

法尔哈尔
昆

库古沙

德尔瓦

山普拉墓地

昆
仑
山

伊斯兰堡

新疆古称西域，地处祖国西北边陲、亚欧大陆的腹地。历史上，这里曾经是中西陆路交通的主要通道，世界四大古代文明的荟萃之地，自古以来就是一个多民族聚居地区，就是一个多元文化、多种宗教并存的地区。从汉神爵三年（前59年）西汉政府设置西域都护府时起，新疆就划入了汉朝的版图，成为我国统一的多民族国家不可分割的一部分。

　　为了全面、深入、正确地阐明新疆历史，包括各民族的发展史和宗教演变的历史，传承文明，促进新疆长治久安和快速发展，2005年初，经新疆维吾尔自治区党委批准，国家哲学社会科学规划办公室立项，决定编写多卷本的《新疆通史》，并成立了《新疆通史》编撰委员会。《新疆通史》是自治区文化建设的一项基础性工程，包括三部分：主体工程、基础工程和辅助工程。主体工程又分为三个部分，即十四卷十六册正文，《新疆通史·图录》和《新疆通史资料简编》；基础工程主要是整理有关新疆历史的档案、古籍文献，包括波斯文、阿拉伯文和少数民族文字的文献；辅助工程就是通过立项的方式，组织部分专家、学者对新疆历史上的一些重要问题作进一步深入研究，或翻译一批国外学者关于新疆历史研究的优秀成果，为《新疆通史》的编写工作提供参考，同时提高人们对新疆历史的整体认识和研究水平。

　　众所周知，在远古时期，古老的黄河流域文明、印度河流域文明、早期波斯文明、希腊文明就在新疆地区交融，众多古代民族在这里留下过他们的足迹。特殊的地理环境和气候，使数千年历史的发展和文明的积淀比较好地保留下来了，新疆已经成为一处有着深厚底蕴和丰富内涵的历史文化宝地。

　　从19世纪70年代起，新疆丰厚的历史文化底蕴逐渐为世界所了解。人们惊奇地发现，在被视为"死亡之海"的塔克拉玛干大沙漠中竟然会埋藏有数千年之久的人类古代文明。这里有写在木板、桦皮和纸张上无人识读的死文字，有令世人惊叹的佛教石窟壁画，有精致雕刻成各种花卉纹饰的木器，有早至战国时期中原生产的精美艳丽的丝绸、漆器、铜镜，以及中国汉唐时期和古罗马、拜占庭、波斯制造的各种钱币等。新中国建立以后，特别是改革开放以来，新疆的文物考古事业迅速发展，伴随着大规模的经济建设，一批新的古城遗址、古建筑、古墓地得以发掘，大量的文物重见天日。楼兰铁板河出土的干尸被称为"楼兰美女"，轰动世界；民丰县尼雅遗址出土的"五星出东方利中国"织锦精美绝伦，为世人赞叹。这些文物不断地深化着人们对新疆历史的认识。

　　我们正生活在一个信息传播越来越图像化、互动化和生动化的时代，《新疆通史》编委会为了适应时代的要求，在编写十四卷十六册《新疆通史》文本文献的同时，决定利用丰富的文物资源，编写《新疆通史》图录，收录图像范围包括舆图，壁画，雕塑，文书，碑刻，器物（石器、青铜器、陶器、玉器、铁器），钱币，服饰，照片，以及相关图书、档案等。这些图片围绕主题，依时编排，以"以图证

编者语

史""以图明史""以图补史"为宗旨，向广大读者提供更直观、更形象、更生动的新疆历史画卷。这种形式对于提升《新疆通史》编纂质量和水平，推动历史图片的整理，有着拾遗补缺的重要意义。

"欲知大道，必先读史。"中华民族历来有注重历史学习与研究的传统，特别是五千多年的文明史，有益于我们探索历史发展的规律，将中国的实际与马克思主义结合起来，在中华民族伟大复兴的道路上，领导全国各族人民不断取得了一个又一个的新胜利。我们一定要发扬党的优良作风，鉴古知今，坚持继承和创新的辩证统一，发掘和继承传统文化的精华，吸收和借鉴世界优秀文化成果，与时俱进，推陈出新，赋予传统文化以新的时代气息，使全国各族人民在历史的记忆中，吸取智慧，凝聚力量，为实现中华民族伟大复兴的中国梦而共同奋斗！

党中央历来重视新疆历史的研究与学习，要求我们正确阐明新疆历史，包括新疆各民族的发展史和宗教演变史。正是按照党中央的部署，自治区党委进行了"三史"（新疆地方史、新疆民族发展史、新疆宗教演变史）教育，并批准成立《新疆通史》编委会，编写《新疆通史》。目的是让读者从中了解两千多年来新疆是如何一步一步地成为我们伟大祖国神圣领土不可分割的一部分的，新疆各族人民如何一步一步地成为中华民族大家庭中一个重要成员的，新疆多种宗教并存的历史是如何演变的，把握历史发展的大势，自觉地维护国家的统一，自觉地维护民族团结，自觉地维护社会稳定，实现新疆的长治久安和快速发展，开创美好未来！

历史发展到了今天，新疆已经站到了一个新的起点之上。继西部大开发以后，党中央又提出了建设"一带一路"（丝绸之路经济带和21世纪海上丝绸之路）合作倡议，新疆迎来了难得的发展机遇。历史上新疆曾经是丝绸之路的重要通道，新疆各族人民为开发建设边疆，加强和巩固祖国边防，促进中外经济文化交流做出过重要贡献。今天，新疆处在"一带一路"建设的核心区，将为实现中华民族伟大复兴的中国梦做出自己应有的贡献，谱写新的历史篇章！

在编辑《新疆通史·图录》的过程中，我们得到了新疆维吾尔自治区文物局、新疆文物考古研究所、新疆维吾尔自治区博物馆，以及吐鲁番市文物局、昌吉回族自治州文物局、伊犁哈萨克自治州文物局、巴音郭楞蒙古自治州文物局和自治区其他各地州文物局、博物馆的大力支持和帮助。在此，表示衷心感谢！

由于我们的水平有限，不足之处在所难免，恳请读者批评指正。

吴敦夫

2018年4月22日

在古希腊人的传说中，亚欧大陆上有一片美丽富饶而神奇的土地，曾经是地球宽阔的胸膛和心脏地带，这就指今天的新疆及中亚。这里物产丰茂，地貌迥异，民族众多，文化多元，遗产丰厚，早在几千年前，我们的祖先就翻越高山峡谷，穿越沙漠戈壁，沿着草原绿洲开辟了一条贯穿亚欧大陆的贸易之路，架起了东西方之间往来的桥梁。

考古资料表明，在距今四万年前后的旧石器时代晚期，新疆就有了人类的活动。到了新石器时代，人类活动遍布全疆各地。至青铜时代，生活在这里的古代居民既有欧罗巴人种（白种人），也有蒙古人种（黄种人），以及这两大人种的混合人种。到了早期铁器时代，即我国历史上的春秋战国时期，以天山为界，新疆逐渐形成了两个经济区域，即北疆的游牧区和南疆的绿洲农业区。

汉代是我国统一的多民族国家发展的重要阶段，也是新疆历史发展的转折时期。由于经济结构不同而引发的游牧民与定居的农耕居民的矛盾和斗争，自东而西，波及西域。汉朝战胜匈奴、统一西域以后，设官建置，册封诸国，驻兵屯田，筑城垒、列亭障，维护丝绸之路交通，有力地推动了新疆的政治、经济、社会和文化的发展，开创了新疆历史的新纪元。

魏晋南北朝时期是我国历史上民族大迁徙大融合的时期，也是新疆民族迁徙融合的重要时期。除南疆各绿洲城郭诸国外，迁徙的中原汉人在今吐鲁番地区建立高昌王国，游牧的高车人从蒙古高原西迁后在今乌鲁木齐一带建立政权。西域诸国政权与内地各王朝保持着"无岁不奉朝贡，略如汉氏故事"的局面。

隋唐煌煌盛世，将高昌归于版图之内，又长期羁縻西突厥政权，建伊、西、庭三州，行郡县，列四镇，置安西大都护府和北庭大都护府统领西域。唐朝各种律令及制度如均田制、租庸调制、府兵制等，行之各地。所以新疆不仅在政治上，而且在军事、经济和社会制度等方面与内地逐渐趋于一致，文明发展的再生力在祖国统一进程中，又谱写出了新的篇章。

辽宋金时期，西域先是高昌回鹘王国、喀喇汗王朝和于阗李氏王朝三足鼎立，继之是高昌回鹘王国与喀喇汗王朝对峙，以后又是西辽统有西域。但是，不管形势如何变化，各个政权都自认为是中国的一部分。

13世纪初，成吉思汗率军西征，灭西辽，统一天山南北。至元八年（1271年）元朝建立以后，设元帅府、都督府以管理军事，设按察司、宣慰司、提督司、交钞库等以管理民政，设立军站、驿站以利交通等。蒙元对新疆的治理，上承汉唐，不仅实现了我国农业区与牧业区的大统一，也进一步发展和巩固了新疆与祖国的联系与统一。

元末明初，察合台后裔统治新疆，各自为政，不相统属。明朝建立以后，各地纷纷派遣使臣，向明朝朝贡。永乐四年（1406年），明朝设哈密卫，管理当地军政

前言

事务。其他各地首领则受到明朝的册封，接受明朝颁发的印绶。

清初，准噶尔蒙古控制着新疆地区。乾隆二十年（1755年）清朝军队进军伊犁，灭准噶尔政权，接着又平定阿睦尔撒纳和大小和卓的叛乱，统一新疆。乾隆二十七年（1762年），清朝设置"总统伊犁等处将军"，驻惠远城（今霍城南），统领全疆军政事宜。在维吾尔族聚居的南疆地区，依其旧制，实行伯克制度；在蒙古族和较早归附清朝的哈密及吐鲁番的维吾尔族中实行札萨克制，在汉族较为集中的巴里坤、古城（今奇台）、乌鲁木齐及其以西直至乌苏一带，实行州县制度。光绪十年（1884年），新疆建省，设省会于迪化（今乌鲁木齐），废除伯克制度，实行郡县制度，实现了新疆与内地行政制度的完全统一。

20世纪初，新疆增设诸县，建立乡村政权，进一步加强和巩固了新疆与内地行政制度的统一，彰显了国家治理的行动与责任。

中华人民共和国成立以来，新疆各项事业蓬勃发展，变化翻天覆地，不仅是"国家利益共同体"组成部分和"民族命运共同体"文化纽带，而且以社会和谐、海纳百川的胸襟赢得了世界的认可。

当前，新疆各族人民正与全国人民一道，迎来了新的机遇与挑战，为实现中华民族伟大复兴的中国梦而努力奋斗。历史将会证明，我们的国家明天会更加繁荣昌盛，新疆的明天会更加美好！

目录

石器时代是人类历史的早期时代，根据石器制作技术的不同特征，一般分为旧石器时代和新石器时代两个阶段。从考古发现来看，欧亚大陆的西部和东部地区曾经都是早期人类活动的重要区域，在中亚地区发现的旧石器时代早、中期的文化遗存具有明显的莫斯特文化的特征，即以各种砾石工具为主，晚期则普遍小型化，以石叶工具为特色。在蒙古高原上发现的旧石器时代早、中期文化也同样是以大型的砾石工具为主，晚期也经历了小型化的发展过程，但技术传统上有着自身的特色和演变轨迹。新疆地处中亚东部，是莫斯特文化和勒瓦娄哇技术东传的必经之地，在欧亚大陆人类早期的迁移扩散过程中具有重要的通道作用。在石器制作技术上也受到了这种人群向东或向西扩散活动的影响。

新疆旧石器时代文化遗存以交河沟西台地和骆驼石旧

第一章

石器时代

石器点为代表，年代至少距今3万年。距今1万年以来的新石器时代，在中亚南部发展起来的是以定居农业生活方式为特点的一些文化，如安诺文化、纳马兹加文化等。在中亚的西北部地区，新石器时代晚期则先后出现了具有半游动性质和游动性质的多种文化，如颜纳亚文化、阿凡纳谢沃文化等，这些各具特色的文化代表着中亚历史上不同族群活动所留下的遗存。

在黄土高原地区，自距今8000年也逐步发展起了多种具有定居特色的文化，如老官台文化、仰韶文化等。自距今5000年前后，黄土高原西部的人群经历了逐步西渐发展的历史进程。

新疆地区新石器时代同时受到东西部两大早期文化圈的相互影响和作用，形成了文化多样的发展态势。

旧石器时代

新疆地区旧石器早中期的文化尚未有明确的发现，主要是以往的野外工作基础薄弱，并不代表这一时期没有人类的活动。

旧石器时代晚期的遗存在新疆已有几处明确的发现。1983年，在塔什库尔干塔吉克自治县吉日尕勒遗址的晚更新世晚期地层中采集到了一件打制石器。1993年，在吐鲁番交河遗址沟西的原生地层剖面中采集到一件手镐，时代属更新世晚期。2004年，在和布克赛尔蒙古自治县和什托洛盖村发现了一处规模较大的旧石器时代晚期石器制造场遗址，地面可见大量的黑色页岩制作的石片和石叶等制品，据研究，这批石器的年代大约在距今3万年前后。以上地点发现的石器，其制作技术均具有勒瓦娄哇技术的风格或受其影响。可以看出，新疆地区旧石器时代晚期的人群应该与欧亚大陆西部的人群迁移活动存在一定的联系。

1

骆驼石遗址

位于塔城地区和布克赛尔蒙古自治县和什托洛盖镇和什托洛盖村北约12千米处，是一处罕见的大规模旧石器制造场，主要有砍砸器、刮削器、薄刃斧和手镐等，还有带有勒瓦娄哇技术风格的石片，从类型、技术和器物组合方面提供了新疆地区存在旧石器时代遗址的明确证据。这是新疆迄今发现的最古老的人类活动地点之一。

1-1
—

尖状器

和布克赛尔蒙古自治县骆驼
石遗址采集。

1-2
—

刮削器

和布克赛尔蒙古自治县骆驼
石遗址采集。

1-3
—

砍砸器

和布克赛尔蒙古自治县骆驼
石遗址采集。

交河沟西遗址

位于吐鲁番市交河故城沟
西台地上，采集的石制品
属石叶—端刮削器类型，
距今 1 万年，时代为旧石
器时代晚期。

细石叶及石片石器

吐鲁番市交河故城沟西台地采集。

石镐

吐鲁番市交河故城沟西台地采集。

新疆地区的新石器时代文化目前发现的线索已有许多，大都没有经过正式的考古发掘，总体面貌还不十分清楚，但是，以大量发现的细石器遗存为其特色之一。

这些发现表明，新石器时代的不同人群已经散布在新疆主要绿洲和大河河谷地区。

东部地区

曾经在哈密的七角井、吐鲁番阿斯塔那、乌鲁木齐柴窝堡湖畔等遗址发现了大量细石器遗存，器类主要有各种石核、石叶、刮削器、雕刻器、石镞等。

西南地区

曾经在疏附县的乌帕尔乡发现了一个遗址群，包括霍加阔那遗址等，出土物有各种石叶加工的长刃刮削器、三角形石镞、石纺轮等。

西北地区

曾经在哈巴河县的别列泽克河沿岸多尕特地区发现有七处自然形成的岩棚，部分岩棚中见有岩刻画遗迹，一般使用赭红色颜料作画，内容有动物、人手印、人脚印、狩猎场景、几何图案等。据对岩画风格的研究，这批岩画的创作年代应该属于新石器时代。

3
—

七角井遗址

位于哈密市七角井镇东南戈壁。20世纪30年代，法国学者德日进和中国学者杨钟健发现了七角井遗址，50年代后考古工作者又在此发现各类细石器700多件。石器类型有石核、石片石器、圆头刮削器、细石叶、细石镞等。从石器用途来看，反映的是以狩猎采集为主的生产、生活方式。

柱状石核

哈密市七角井镇采集，
现藏哈密博物馆。

细石器

哈密市七角井镇采集，
现藏哈密博物馆。

乌帕尔细石器遗存

　　疏附县乌帕尔细石器遗存分布在三个地点。亚库塘细石器遗存点位于乌帕尔乡库木巴格村艾孜热提毛拉木塔格山西南约5.3千米的荒漠中，面积约4万平方米，在地表采集到大量石叶石器，有部分石核石器。苏里坦巴赫细石器遗存点位于乌帕尔乡毛拉贝格村麻赫穆德·喀什噶里麻扎西约1.3千米艾孜热提毛拉木塔格山麓的戈壁地带，采集有石核、石片砍砸器、刮削器等。霍加库那细石器遗存点位于乌帕尔乡肖塔格村，遗址面积约1万平方米。地表散布石器较多，以石叶、石片、刮削器为主，也有石核、石镞，石器多以各色硅质岩砾石打制而成。三处遗址的时代均为新石器时代。

4-1

细石叶

疏附县乌帕尔乡托提托合热克遗址采集。

4-2

锥状石核

疏附县乌帕尔乡采集，
现藏新疆文物考古研究所。

四道沟遗址

位于昌吉回族自治州木垒哈萨克自治县西南10千米处，出土石器中磨制石器占绝大多数。从出土遗物看，该遗址可分为早、晚两个时期，属于新石器时代晚期。

骨针

木垒哈萨克自治县四道沟遗址出土。长针长8.8厘米，短针长3.4厘米。现藏新疆维吾尔自治区博物馆。

穿孔石锄

木垒哈萨克自治县四道沟遗址出土。高16厘米，宽12～15厘米，孔径2.8厘米。砂质岩，刃部有使用痕迹。现藏新疆维吾尔自治区博物馆。

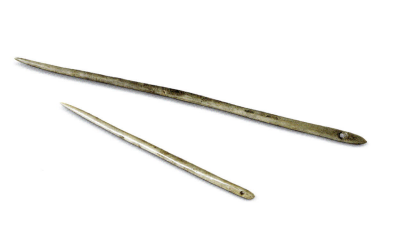

祖形石器

木垒哈萨克自治县四道沟遗址出土。高5.5厘米，底径7.8厘米。现藏新疆维吾尔自治区博物馆。

第一章
石器时代

柴窝堡遗址

位于乌鲁木齐市达坂城区柴窝
堡湖边，石器主要以间接打击
法制成，未见磨制石器，石器
类型以各式刮削器、细石叶、
细石核、雕刻器和尖状器为
主，属新石器时代晚期。

各种刮削器

乌鲁木齐市柴窝堡湖周边采集，
现藏新疆文物考古研究所。

柱状石核

乌鲁木齐市柴窝堡湖周边采集,
现藏新疆文物考古研究所。

6-3
—

细石叶

乌鲁木齐市柴窝堡湖周边采集,
现藏新疆文物考古研究所。

兵团第八师150团新石器时代遗址

位于石河子市以北兵团第八师150团14连（西洪沟）北约1千米，地处沙漠边缘。在一南北长约300米、东西宽30～40米的小沙梁上，采集到石镰、石镞、刮削器、细石叶等细石器20余件。在其西约300米处的大沙梁上，除发现少量石叶器外，还发现2件陶器。据研究，其器物类型可在南西伯利亚地区卡拉苏克文化中见到。

石镞

兵团第八师150团采集，
现藏新疆兵团军垦博物馆。

刮削器和细石叶

兵团第八师150团采集，
现藏新疆兵团军垦博物馆。

石器时代的社会经济和文化艺术

据各地发现的大量细石器遗存分析，新疆的新石器时代文化基本以狩猎、采集经济形态为主。当时，人们的活动空间主要是在大河流域的高阶地上，或河流下游的湖滨、三角洲的绿洲环境中。德尕特岩画的发现表明，此时一部分人群仍处于穴居时代。因为，这些地方的生态系统更加具有多样性的特征，适合于多种动植物种群的繁衍和存在。由于多数遗址未经过考古发掘，农业和畜牧业的产生过程与发展状况尚不十分清楚。

新石器时代的艺术表现形式以岩画为主，画面多是写实风格的动物和人物，以及部分狩猎生活的场景。

敦德布拉克洞穴彩绘岩画外景

位于阿勒泰市东南汗德尕特乡墩德布拉
克河谷一洞穴内。

岩画奔牛和滑雪场景

岩画描绘一群奔牛和一组滑雪
人物。

富蕴县徐永恰勒岩画

位于富蕴县杜热乡胡基尔特村牧业四队216国道167公里程碑北约3.5千米的徐永恰勒沟内山坡上。图为岩画所在地外景。

9-1
—
岩画局部

唐巴勒塔斯岩画

位于富蕴县库尔特乡塔木勒切尔村一条东西向花岗岩石梁上。

大约从距今4500年开始，中亚地区由西向东先后进入青铜时代，代表性文化有阿凡纳羡沃文化、安德罗诺沃文化、卡拉苏克文化等。同时，在甘肃的河西走廊西部，马厂文化晚期遗存、齐家文化和四坝文化的人群也先后掌握了冶金技术，并逐渐西进到新疆东部地区。在新疆地区，距今4000年前后，陆续出现了多种青铜时代的文化，如切木尔切克文化、小河文化、天山北路文化等。同时，在新疆西北部和西南部地区也发现了大量的安德罗诺沃文化的典型遗存和各种地方变体，表明以安德罗诺沃文化联合体为代表的高加索人群的东进活动，对于新疆西部地区有广泛的影响，而蒙古人种族群的西进活动，则对于新疆东

小河墓地鸟瞰

第二章

青铜时代

北部和东南部地区的青铜时代文化产生了持续的影响。目前已经确认，在罗布泊地区的小河文化早期遗存中，是以蒙古人种的血缘成分为主体，到小河文化晚期阶段则演变为以高加索人种为主体。这说明，东进的高加索人群和西进的蒙古人群的最初相遇，是在小河文化开始之前的更早期阶段。各地的发现也表明，来自于不同方向的青铜时代的族群和文化，已经分布到了新疆东西南北的各个地区。他们的存在和发展，代表了东西方族群之间最初的融合过程，也为其后的更加广泛的东西方文化之间的交流和发展奠定了基础。

第一节
塔里木盆地及周边地区的
青铜时代文化遗存

塔里木盆地东部地区的青铜时代文化可以小河文化为代表，主要分布在塔里木河下游、孔雀河沿岸及罗布泊地区。

近年来，在靠近塔河中游的克里雅河下游北方墓地也发现了小河文化的遗存，表明其在塔克拉玛干沙漠北缘的分布范围可能更加宽广。在小河文化遗存中发现了丰富多样的墓葬祭祀现象，对于祖先崇拜和生殖崇拜有一些独特的表现方式。其存在的年代为距今4000～3500年前后。

塔里木盆地西南边缘发现的是以分布于塔什库尔干塔吉克自治县的下坂地类型遗存为代表的一类文化，存在时间为距今3500～3300年期间。从文化属性上看，它应是安德罗诺沃文化晚期阶段的一种地方变体遗存，属于安德罗诺沃文化人群向东南方扩散的子遗。塔里木盆地南部边缘的昆仑山北坡地带，曾经发现了距今3000年前后的于田流水类型遗存。塔里木盆地东南边缘发现的是以扎滚鲁克墓地早期类型为代表的遗存，年代距今3000年前后。

上述发现表明，塔里木盆地自距今4000年以来，陆续发展出了几种具有不同特性的青铜时代文化，这些文化的分布主要是沿着大河流域的河谷地带向下游地区扩展。目前，由于持续不断的沙漠化，在和田河、克里雅河、车尔臣河下游地区的许多青铜时代的遗址均已被沙漠覆盖。

1

小河墓地

位于若羌县铁干里克乡孔雀河支流小河东侧的一座椭圆形大沙丘之上，长74米，宽35米左右，高7米。1934年，中瑞西北考察团瑞典学者贝格曼对其进行发掘。2003～2005年，新疆考古工作者对墓地167座墓葬进行了全面发掘。男性棺前立木似桨，桨面涂黑，桨柄涂红。女性棺前立多棱木柱，端头涂红。初步研究表明，年代为距今4000～3500年。

发掘前的小河墓地

2003年发掘前，小河墓地地表有木柱、立柱等标志，象征"男根女阴"。墓地两排大致东西向的木栅墙将墓地分为南、北两个墓区，南墓区有139座墓葬；北墓区大部分墓葬都被破坏，仅存28座。大多数墓葬的造墓和结构一致，即挖沙坑，坑中置棺具，一墓一棺，棺前后竖立木。

发掘后的小河墓地

2005年新疆文物考古研究所发掘后的墓地。

船形木棺

若羌县小河墓地出土，
现藏新疆文物考古研究所。

木俑合葬棺

若羌县小河墓地出土，
现藏新疆文物考古研究所。

船形木棺

若羌县小河墓地出土，
现藏新疆文物考古研究所。

泥壳木棺

若羌县小河墓地出土，
现藏新疆文物考古研究所。

男根立木

桨形立木

木雕人像

若羌县小河墓地出土。高50
厘米，身裹毛布，饰铜耳环。
现藏新疆文物考古研究所。

1-9
—

彩绘献祭牛头

若羌县小河墓地出土，
现藏新疆文物考古研究所。

毛布腰衣

若羌县小河墓地出土，缝有
7个圆形铜片。现藏新疆文
物考古研究所。

饰羽毡帽

若羌县小河墓地出土,
现藏新疆文物考古研究所。

1-12

斗篷与木尸

若羌县小河墓地出土,
现藏新疆文物考古研究所。

2
—

古墓沟墓地

位于尉犁县东南部的库鲁克塔格山南、古勒巴格乡兴地村东南的孔雀河干河床北岸荒漠中，墓地东西35米，南北45米。1979年发掘墓葬42座。墓葬有两种类型，第一类型36座，第二类型6座，地表有7圈木围桩，墓穴在环形木柱中心。图为第二类型墓葬外景。随葬品不见陶器，多木器和毛织物，还出土有细石镞、玉珠、小铜卷、骨锥、木雕和石质人像等。墓葬年代为距今3800年左右。

2-1
—

草篓

尉犁县古墓沟墓地出土。口径8厘米，腹径9厘米，高10厘米。口部两侧穿毛绳供提拎用，上盖毛织物。出土时置于死者右胸上部，内盛麦粒或白色浆状物。现藏新疆文物考古研究所。

毡帽

尉犁县古墓沟墓地出土，
现藏新疆文物考古研究所。

毛织物

尉犁县古墓沟墓地出土，
现藏新疆文物考古研究所。

2-4

—

褐色毛斗篷

尉犁县古墓沟墓地出土，
现藏新疆文物考古研究所。

圆沙古城北墓地

位于于田县圆沙古城西北80千米处，2008年发现古墓群和古尸。墓葬类型与罗布泊小河墓地十分相似，年代上限距今为3500年左右。出土服饰保存完好，对研究塔里木盆地人类的早期活动，具有重要价值。

3-1

狼噬羊铜权杖头

于田县圆沙古城北墓地出土。直径5.6厘米，高2厘米。现藏新疆文物考古研究所。

3-2

三角形铜帽饰

于田县圆沙古城北墓地出土。缝在毡帽正面，左高17.9厘米，最宽处8.4厘米；右高22厘米，最宽处12.5厘米。现藏新疆文物考古研究所。

单耳陶罐

于田县圆沙古城北墓地出土。高32厘米。
现藏新疆文物考古研究所。

陶罐

于田县圆沙古城北墓地出土。
高18.5厘米。现藏新疆文物考
古研究所。

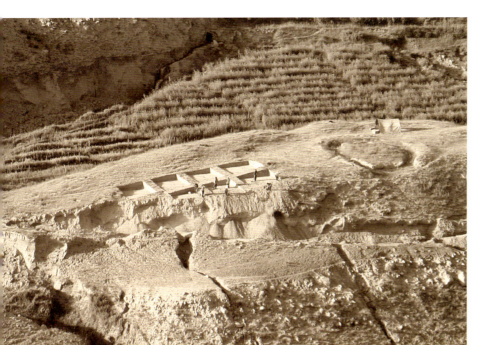

流水墓地

位于于田县阿羌乡流水村南约4千米，地处昆仑山北克里雅河上游的阿克布拉克台地上。2003～2005年发掘墓葬65座，出土陶器、铜器、金饰、石器等，墓地年代距今3000年左右。

双系陶罐

于田县流水墓地出土。
现藏中国社会科学院考古研究所。

折线纹陶罐

于田县流水墓地出土。口径
10.1厘米，高10.2厘米。
现藏中国社会科学院考古研
究所。

双系铜斧

于田县流水墓地出土。高11.2厘米，
宽3.3～4.4厘米，厚1.4厘米，銎深
2.1厘米。现藏中国社会科学院考古研
究所。

第二章
青铜时代

4-4

金耳环

于田县流水墓地出土,
现藏中国社会科学院考古研究所。

5

新塔拉遗址

位于和硕县苏哈特乡肖恩托勒盖村东南约400米处。出土
陶片、马鞍形石磨、石臼、青玉斧。年代距今约3000年。

5-1

青玉斧

和硕县新塔拉遗址出土。长
8.8厘米,刃宽4.3厘米,厚
2厘米。打制成形。再经琢
磨,表面光滑。现藏新疆文
物考古研究所。

察吾呼古墓群

位于和静县城西北约30千米的天山察吾呼沟谷内外，
1983年发现，由5处墓地组成，墓葬总数1500座左右。
1983～1989年共发掘墓葬448座，出土遗物近4000件。其
中5、4、1号三处以及2号墓地中的A、B两种类型属于青铜
时代和早期铁器时代，3号墓地相当于汉代前后。墓葬中以
陶器最为丰富，彩陶纹饰复杂、鲜艳。

带流彩陶杯

和静县察吾呼墓地出土。口径11厘米，
高12.5厘米。现藏和静县博物馆。

单耳带流彩陶罐

和静县察吾呼墓地出土，
现藏和静县博物馆。

骆驼纹彩陶罐

和静县察吾呼墓地出土。口
径18.2厘米，高21.8厘米。
现藏和静县博物馆。

几何纹彩陶杯

和静县察吾呼墓地出土。口径
11.6厘米，底径9.6厘米，高16.3
厘米。现藏和静县博物馆。

蔓藤纹彩陶壶

和静县察吾呼墓地出土。口
径14.8厘米，高35.6厘米。
现藏和静县博物馆。

第二章
青铜时代

铜带饰

和静县察吾呼墓地出土，
长7.2厘米。两端鸟兽首
形，各有一凸出的纽。
现藏和静县博物馆。

蜷狼纹铜镜

和静县察吾呼墓地出土。
直径9厘米，饰蜷曲狼纹。
现藏和静县博物馆。

管銎铜斧

和静县察吾呼墓地出土。
长10厘米，宽3.7厘米。
现藏和静县博物馆。

下坂地墓地

位于塔什库尔干塔吉克自治县县城东北、塔什库尔河南北两
岸一、二级台地上，发掘墓葬181座。出土陶器有罐、钵、
杯、碗、釜等；木器有盘、钵、罐等；铜器为手镯、耳环、
脚链、戒指、泡等。距今3000～2500年左右。

7-1
—

有柄木杯

塔什库尔干塔吉克自治县下坂
地墓地出土。口径9.8厘米，底
径6.6厘米，高4.7～5.5厘米。
现藏新疆文物考古研究所。

7-2
—
陶罐

塔什库尔干塔吉克自治县下
坂地墓地出土。口径10.4～11
厘米，底径6～6.5厘米，高
11.8～12.4厘米。现藏新疆文
物考古研究所。

7-3
—
铜手镯

塔什库尔干塔吉克自治县下坂
地墓地出土。左直径5.5厘米，
宽2.2厘米；右直径6.5厘米。
现藏新疆文物考古研究所。

7-4
—
喇叭口银耳环

塔什库尔干塔吉克自治县下坂地
墓地出土。直径3.1～3.3厘米。
现藏新疆文物考古研究所。

西北部地区的青铜文化

目前所知，在准噶尔盆地内最早的青铜时代文化是以阿勒泰地区的切木尔切克文化为代表的一类遗存，年代为距今4200～3800年前后。其来源与更早阶段的阿凡纳羡沃文化晚期遗存有关系。此类文化在准噶尔盆地有广泛的分布，墓葬以长方形石板墓葬为典型代表，随葬各类圜底的石罐或陶罐，流行墓前立石人标志。

在上述文化消失之后，安德罗诺沃文化联合体人群的东进扩散到了新疆的西北部一线，目前已经在塔城市的卫校遗址，尼勒克县的穷克科遗址、汤巴勒萨伊遗址，温泉县的阿敦乔鲁遗址等多处地点都发现了安德罗诺沃时期的文化遗存。墓葬一般是以卵石围砌的长方形竖穴墓为特点，地表有石堆标志，随葬有平底或带圈足底的陶器，年代为距今3800～3300年。在阿敦乔鲁遗址发现了多组大型的以石板墙围砌的长方形居址建筑，表明此类文化的人群具有半定居的生活习性。

8

切木尔切克喀依纳尔石人

切木尔切克墓地位于阿勒泰市切木尔切克乡，墓葬比较分散。1963年开始，共发掘了32座墓葬。出土有石镞、石质容器、小铜刀、素面铜镜及陶器、金饰等。多数遗存年代距今3200～2700年。

双连体石罐

阿勒泰市切木尔切克墓地出土。口径8.8～9.7厘米，高11.9～12.3厘米。现藏新疆文物考古研究所。

兽首形柄石臼

阿勒泰市切木尔切克墓地出土。口径12.9～14.7厘米，高8.7厘米。现藏新疆文物考古研究所。

橄榄形陶罐

阿勒泰市切木尔切克墓地出土。口径9厘米，高17厘米。饰有锥刺、刻划和指压的曲折和连弧扇形纹。现藏新疆文物考古研究所。

克孜加尔墓地

位于阿勒泰市南40千米克孜加尔水库库区。2009～2010年
共发掘墓葬55座，出土有陶器、铜器、金饰等，早期墓葬
遗存属于青铜时代。

9-1
—

陶罐

克孜加尔墓地出土，夹砂灰陶。口径9.2
厘米，腹径14.9厘米，底径9.5厘米，通高
16.2厘米。现藏新疆文物考古研究所。

9-2
—

陶罐

克孜加尔墓地出土，夹砂
灰陶。口径12.4厘米，通高
29.8厘米。现藏新疆文物考
古研究所。

第二章
青铜时代

铜刀

克孜加尔墓地出土,
现藏新疆文物考古研究所。

铜斧

托里县采集,长25.5厘米,刃
宽5.6厘米。椭圆形銎孔,銎面
上饰叶脉纹。现藏塔城地区博
物馆。

铜镰

托里县采集,长14.5~24厘米。
现藏塔城地区博物馆。

东塔勒德墓地

位于哈巴河县东北约20千米的加依勒玛乡塔木齐村，共发掘墓葬61座，出土铜、陶、铁、石、金器共计40余件。金器多以金箔加工而成，制作精细，多采用模压工艺制作出蜷曲的雪豹、虎等形象。墓地的年代跨度较大，大致在距今3000～2000年。

12-1
—

黄金饰品

哈巴河县东塔勒德墓地出土。

阔克苏墓地

位于特克斯县县城东南乔拉克铁热克乡阿特恰比斯村东约3千米处,发掘墓葬93座,出土遗物主要有大口、折肩、小底的圈足罐和平底罐,年代为距今3500~3300年。

圈足陶罐

特克斯县阔克苏墓地出土。
口径31.4厘米，腹径27.8厘
米，底径12厘米，通高22.3
厘米。现藏新疆文物考古研
究所。

13-2

陶盆

特克斯县阔克苏墓地出土。
口径23.3厘米，通高12厘米。
现藏新疆文物考古研究所。

铜镞

特克斯县阔克苏墓地出土。镞
身呈菱形，双翼，中部起脊，
管銎铤。通长4.8厘米，铤直径
0.8厘米。现藏新疆文物考古研
究所。

13-4
—

铜镜

特克斯县阔克苏墓地47号墓出
土。微折沿，形体厚重。直径
9.3厘米，厚0.5厘米。现藏新
疆文物考古研究所。

汤巴勒萨依墓群

位于尼勒克县喀拉托别乡喀尔沃依村东汤巴勒萨依沟口东侧的河谷阶地上，发掘墓葬20余座，早期墓葬属于青铜时代，出土有缸形罐、喇叭口铜耳环、铜手链、铜脚链等，年代距今3500～3300年。

喇叭口铜耳环

尼勒克县汤巴勒萨依墓地17号墓成对出土。环径4.2厘米，丝径0.1～0.2厘米，喇叭口径1.2～1.4厘米。与安德罗诺沃文化的同类造型相同。现藏新疆文物考古研究所。

铜手链、铜脚链

尼勒克县汤巴勒萨依墓地17号墓出土。现藏新疆文物考古研究所。

在新疆东部的哈密地区，目前发现最早的青铜时代文化是以天山北路墓地为代表的遗存，墓葬流行土坑墓，也见有土坯墓，随葬有大量小件铜器和陶器，年代为距今4000～3500年前后。据彩陶等因素分析，其文化来源与甘肃西部的马厂晚期遗存，以及四坝文化有直接的承继关系。它的发现是西进的蒙古人种族群最初进入新疆东部地区的直接证据。

在天山北路文化之后，新疆东部哈密地区出现了焉布拉克早期类型文化，其年代为距今3300～3000年前后，在哈密五堡墓地、艾斯克霞尔墓地的发现表明，它主要分布在哈密盆地，在盆地北边的巴里坤地区也有零星发现，其来源因素部分继承了天山北路文化，另一些则是受到了甘青地区卡约文化西进的影响。

在吐鲁番地区，自距今3000年前后出现了一种以洋海墓地为代表的文化遗存，一般也称作苏贝希早期类型文化。此类遗存主要分布在吐鲁番盆地的腹心地带，晚期则向外扩散。从来源成分看，有来自于东部哈密盆地的焉布拉克文化的部分影响，也见有大量来自于西北部欧亚草原地区游牧和骑马民族的文化因素。

15
—

天山北路墓地

位于哈密市天山北路，总面积1.5万平方米，已发掘墓葬700余座，出土陶器、铜器、石器、骨器，以及金、银、贝、蚌器等千余件，距今约4000～3500年。

15-1
—

双耳彩绘陶罐

哈密市天山北路墓地出土。口径11.2厘米，高15.9厘米。两侧耳、腹间绘男性和女性图案，与甘肃四坝文化有着密切的联系。

人面纹铜镜

哈密市天山北路墓地出土。直径7.8厘米。现藏新疆文物考古研究所。

15-3

骨牌饰

哈密市天山北路墓地出土。高2~3厘米。现藏新疆文物考古研究所。

15-4

金耳环

哈密市天山北路墓地出土。径2~3厘米。现藏新疆文物考古研究所。

洋海墓群

位于鄯善县吐峪沟乡洋海夏村西北戈壁台地上，总面积5.4万
平方米，发掘墓葬600多座。以青铜时代晚期及早期铁器时代
的墓葬为主，出土陶器、木器、铜器、铁器等。

单立耳柄陶杯

鄯善县洋海墓地出土。口径
10.8厘米，高8厘米。现藏吐鲁
番博物馆。

16-2
单系耳罐

鄯善县洋海墓地出土。口径
10.5厘米，高12厘米。现藏吐
鲁番博物馆。

单耳豆

鄯善县洋海墓地出土，
现藏吐鲁番博物馆。

双系耳罐

鄯善县洋海墓地出土。口
径12.6厘米，高16.4厘米。
现藏吐鲁番博物馆。

第二章
青铜时代

三足器

鄯善县洋海墓地出土，
现藏吐鲁番博物馆。

食品

鄯善县洋海墓地出土，
现藏吐鲁番博物馆。

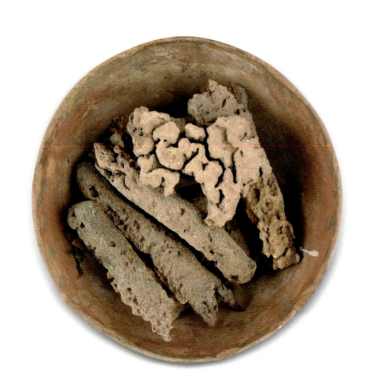

盛羊肉木盘

鄯善县洋海墓地出土，
现藏吐鲁番博物馆。

纳物方盒

鄯善县洋海墓地出土，
现藏吐鲁番博物馆。

16-9

铜戈

鄯善县洋海墓地出土。左高
7.7厘米，长16厘米；右高
8.3厘米，长15.1厘米。现
藏吐鲁番博物馆。

第四节

青铜时代的社会经济和文化艺术

目前已经在新疆东部的天山北路文化遗存中发现了小麦、粟类作物的遗存，到焉不拉克文化和苏贝希早期类型文化阶段，小麦制作的食物已普遍见于墓葬的随葬品中，洋海墓地更有用大量麦草作为墓口覆盖物的现象，可见在新疆东部地区农业生产始终占据主导地位。洋海墓地同时出土了大量的反映游牧生活场景的动物纹造型的艺术形象，也说明此时游牧经济已占有一定的地位。手工业技术的发展主要体现在各种毛皮衣物的加工和缝制、木器和陶器的制作、冶金技术的广泛运用等几个方面。

准噶尔盆地及周边地区在阿敦乔鲁墓地的石磨盘中已经提取到粟类作物的蛋白质，可知安德罗诺沃文化联合体时期已经有了稳定的农业经济和半定居生活。但从经济生活的主要方面考察，这里的几只青铜文化所表现的主要是一些具有畜牧和游牧经济特点的族群，养羊是主要的生活方式，到青铜时代晚期则是以骑马民族文化为主体。他们的生活方式具有更大的游动性和不确定性。手工业生产也主要体现在冶金制品、石器和陶器的制作等方面。

塔里木盆地及周边地区在小河文化时期已经有了小麦和粟类，表明存在着农业经济的成分。但是，现今的当地环境不可能进行任何农业生产活动，可见当时的环境和生态现已发生了很大的变化。小河墓地也发现了大量的以牛、羊头骨随葬的现象，还出土了许多弓箭制品，可知当时的畜牧、狩猎经济活动是其主业。距今3000年前后，骑马民族开始大量出现在塔里木盆地的周边地带。

青铜时代的造型艺术主要体现为各种石刻制品。早期的石人主要发现于准噶尔盆地的切木尔切克文化时期，一般是在一个大石头上仅仅雕刻出写实风格的人脸形象，后来逐步出现了圆雕的人体躯干和手臂。青铜时代晚期出现了鹿石，最初是在长条形石头上刻出一个圆圈图案，后来逐步出现成排的奔跑的麋鹿造型，以复杂的鹿角为其艺术风格特征。

青铜时代在新疆各地发现了几种不同风格的彩陶艺术传统，新疆东部的天山北路文化、焉布拉克文化及苏贝希早期类型文化都是以在陶器表面涂红色陶衣，然后使用黑彩构图为特点，构图纹样主要以三角纹、条带纹、波折线纹等为主。塔里木盆地在小河文化时期尚未发现陶器，其后阶段的陶器也具有红衣黑彩的风格，显然是受到东疆地区文化的西进影响所致，晚期出现了以黑彩和红彩共同构图的变化，纹饰趋向以几何形构图纹样为主。而在准噶尔盆地，青铜时代的几种文化主要是以素面陶器为主，流行戳印纹、刻划纹，制陶工艺和造型风格都不是十分发达，显示出游牧文化和绿洲文化在制陶工业上的不同发展道路。

新疆通史·图录　先秦 秦汉

HISTORY OF XINJIANG PICTURE |

080

农 业

17-1

糜子

哈密市五堡墓地出土，
现藏哈密博物馆。

17-2

小麦粒

尉犁县古墓沟墓地出土，
现藏新疆文物考古研究所。

17-3

葡萄藤

鄯善县洋海墓地出土，
现藏吐鲁番博物馆。

17-4

盛放在陶碗内的食物

鄯善县洋海墓地出土，
现藏吐鲁番博物馆。

18-1
———

羊头骨

塔什库尔干塔吉克自治县下坂地墓地出土，
现藏新疆文物考古研究所。

18-2
———

小河墓地随葬牛骨

若羌县小河墓地出土，
现藏新疆文物考古研究所。

木质飞去来器

哈密市五堡墓地出土。通长4.5厘米。用于打猎、捕捉动物。现藏哈密博物馆。

18-4

铜锥

哈密市五堡乡艾斯克霞尔墓地出土，现藏新疆文物考古研究所。

铜刀及皮鞘

哈密市五堡乡艾斯克霞尔墓地出土。铜刀残长12厘米。现藏新疆文物考古研究所。

18-6

兽首铜刀

哈密市花园乡采集。长36厘米。现藏哈密博物馆。

18-7

大角羊铜装饰件

伊吾县拜其尔墓地出土。高8厘米。现藏哈密博物馆。

19-1
—
陶埙

伊吾县拜其尔墓地出土，
现藏哈密博物馆。

19-2
—
箜篌

鄯善县洋海墓地出土。通长16
厘米，音箱宽9.8厘米，弦杆长
22厘米。音箱表面上存皮面。
现藏吐鲁番博物馆。

洋海墓地干尸及其随葬品

鄯善县洋海墓地出土，
现藏吐鲁番博物馆。

克里雅干尸及服饰

于田县圆沙古城北墓地出土，
现藏新疆文物考古研究所。

玛瑙、玻璃珠饰

于田县圆沙古城北采集，
现藏新疆文物考古研究所。

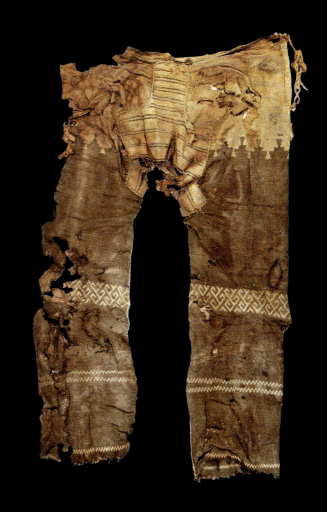

19-6
—

裤子

鄯善县洋海墓地出土。用四片
棕底黄色几何纹缂毛织物缝
制。前、后两片的中央缝入另
外织成的"阶梯"式裤裆片，再
将裤裆左、右侧的前后合并，
从内侧缝合成筒状裤腿。裤腿
长102厘米，宽24厘米。
现藏吐鲁番博物馆。

第二章
青铜时代

早期铁器时代是青铜时代之后的一个过渡时期，反映

了文化发展和技术进步在达到铁器时代高峰之前的各种演变过程和新技术的萌芽状态。新疆的早期铁器时代大约从距今2700年前后开始，到张骞通使西域时为止。此后，新疆地区进入到了西汉王朝的历史记载之中。

在中亚地区，此时期兴起了以斯基泰文化为主体的骑马民族文化群体，他们的不断迁移和向东流动，对于中亚北部和新疆西北部的一系列族群和文化的发展与转变产生了广泛的影响。

在黄土高原地区，西周王朝的建立和逐步强大，迫使氏、羌、戎等其他弱小族群不断西进或南下，部分族群西

第三章

艾斯克霞尔墓地

早期铁器时代

进到了新疆地区。

新疆的早期铁器时代文化在东西方各种族群和新文化不断涌入的前提下，出现了文化发展的多元化趋势，许多地方的文化在不断吸收周边地区的新因素之后，形成和保持了自己的地方特色。另外一些文化则表现得更加开放和包容，具有多种来源成分和族群融合特点。骑马民族文化在新疆地区的大量出现，使得文化之间的交流与融合过程更加迅速，人群的迁移和流动更加普遍，因而，一个地区的文化发展过程往往呈现出多彩多姿的特征，此一时期的这种百花齐放的文化发展格局最终形成了西汉初年西域地区三十六国并存的复杂局面。

在早期铁器时代，东疆地区的焉布拉克文化进入繁荣发展的阶段，占据了整个哈密盆地并向吐鲁番一线扩展。在吐鲁番地区，苏贝希晚期文化持续发展，逐步演变为车师国文化，并继续向西、向南拓展进入了天山腹地。焉布拉克文化和苏贝希文化的西向发展，代表着蒙古人种各支系族群的持续西进浪潮此时仍方兴未艾。

近年来，在巴里坤草原上陆续发现了一系列与游牧民族生活有关的石构建筑基址群和石堆墓遗存。在东黑沟、红山口等遗址的考古发掘表明，这类遗存的年代大致在距今2500～2000年前后。遗址群的规模庞大，房址和墓葬往往成片分布在天山北坡的山脚下，或者是天山南坡的山口背风处，大都是那些曾经分布在这个地区的游牧民族的季节性营地。

1
-

焉布拉克墓地

位于哈密市柳树泉农场焉布拉克村，总面积8000多平方米。墓葬排列密集，出土铜器、陶器、石器、骨器等，陶器较多，常见有单耳豆、腹耳壶、双耳罐等。墓葬可分为早、中、晚三期，年代距今3000～2500年。

双系高颈彩陶壶

哈密市焉布拉克墓地出土。高18.3厘米。现藏哈密博物馆。

1-2

—

单耳彩陶杯

哈密市焉布拉克墓地出土。夹砂陶,口径14.4厘米,高5.2厘米。现藏哈密博物馆。

1-3

—

铜牌饰

哈密市焉布拉克墓地出土,现藏哈密博物馆。

第三章
早期铁器时代

艾斯克霞尔南墓地

位于哈密市五堡乡西南32千米艾斯克霞尔墓地以南的南湖
戈壁。墓葬分布集中，布局规整，随葬品丰富，出土遗物
近千件，以陶器和木器为主。另有铜器、铁器、骨角器、
织物、石器和金器。时代属于早期铁器时代。

祭台

哈密市五堡乡艾斯克霞尔
南墓地112号墓祭台，位于
墓前。

墓口

哈密市五堡乡艾斯克霞尔南
墓地112号墓墓口。该墓为
圆形竖穴土坑墓。

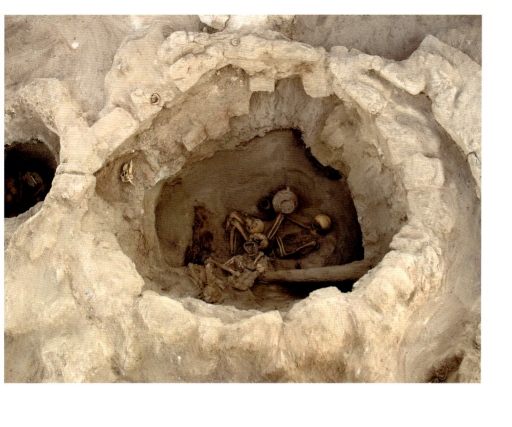

墓口殉葬品

哈密市五堡乡艾斯克霞尔
南墓地60号墓墓口的殉葬
品。此为出土时的情景。

2-5

墓室

哈密市五堡乡艾斯克霞尔
南墓地24号墓墓室。该墓
为单人一次葬。

墓室

哈密市五堡乡艾斯克霞尔南
墓地26号墓墓室。该墓为
多人合葬墓。

墓室、尸床、随葬品

哈密市五堡乡艾斯克霞尔
南墓地91号墓。此为其墓
室、墓葬内的尸床葬具和随
葬品放置情况。

殉葬狗

哈密市五堡乡艾斯克霞尔南
墓地32号墓西北角的殉葬坑
或祭祀坑，葬有一条狗。

男性木俑

哈密市五堡乡艾斯克霞尔南
墓地112号墓出土。

2-10
—
箜篌

哈密市五堡乡艾斯克霞尔
南墓地27号墓出土。

苏贝希墓地

位于吐鲁番地区鄯善县吐峪沟乡苏贝希村南3千米处，随葬品
有陶、木、铜、石器等。陶器数量较多，有单耳罐、双耳罐、
碗、壶、钵、杯等，彩陶占一定比例。木器有梳、篦、腰牌、
盘、碗、勺、拐杖、钻木取火器等；铁器有带钩、刀等，有的
保存十分完好；铜器有镜、耳环等。苏贝希墓地的时代从新石
器时代晚期延续到早期铁器时代。

彩陶豆

鄯善县苏贝希墓地出土。口径
17.8厘米，高17.6厘米。现藏
吐鲁番博物馆。

钻木取火器

鄯善县苏贝希墓地出土。取火
板，呈方体带圆头，小孔内系
皮条，一面钻出11个圆形印
痕，两边带刻槽。长9.1厘米，
宽2.8厘米，厚1.8厘米。取火
棒，锥形，粗头与取火板的圆
孔大小一致。粗径0.9厘米，长
12.8厘米。现藏新疆文物考古
研究所。

铁刀

鄯善县苏贝希墓地出土。柄略
宽，平顶有穿孔。长12厘米，
柄宽1.5厘米。刀宽1.2厘米，
最宽处1.7厘米。现藏新疆文物
考古研究所。

彩绘皮枕

鄯善县苏贝希墓地出土。长23
厘米，宽7.3厘米。现藏新疆文
物考古研究所。

对襟毛布上衣

鄯善县苏贝希墓地出土。
肩袖通长156厘米，衣长96
厘米。现藏新疆文物考古
研究所。

西北部地区

在准噶尔盆地及周边地区，早期铁器时代的文化基本属于具有斯基泰文化传统的骑马民族文化的一些地方变体。在哈巴河县东塔勒德墓地的发掘显示，此时的墓葬大多为石堆墓，高等级墓中普遍随葬各类金制品、马具和青铜武器，墓前立有石人标志。

在伊犁河流域，墓葬也流行石堆墓，但大多数墓葬的随葬品普遍贫乏，一般只随葬陶器及小件铜器、铁器，显示了明显的等级和阶层分化现象。

在天山中部的各山谷地带，也发现了大量的石堆墓遗存。阿拉沟墓地的发掘显示，部分墓葬的等级较高，随葬品中出土有大型的铜容器和金银制品。

各地的发现虽然可以划分为不同的考古学文化，但其基本内涵中都发现有马具、动物纹的装饰艺术、青铜短兵器等骑马民族文化的基本要素，也多见随葬牛、羊头骨的现象，表明此一时期在新疆的北部和西北部地区，是各种骑马民族人群活动的广阔舞台。

奴拉赛铜矿遗址

位于伊犁尼勒克县城南约3千米的喀什河南岸、阿吾拉勒山北坡的天山奴拉赛沟中。遗址包括圆头山古铜矿遗址和奴拉赛古铜矿开采、冶炼遗址。在圆头山古铜矿遗址，发现露天采掘矿坑和大型石器。奴拉赛铜矿采矿区发现10余处竖井洞口，已塌毁。洞口约5米见方，有的竖井深达20米左右，宽约5米。洞口周围和竖井中发现大量矿石和圆形或扁圆形的石锤。遗址的年代距今约2600～2400年。

铜锭

尼勒克县奴拉赛铜矿遗址采集，现藏新疆文物考古研究所。

恰普其海墓地

位于伊犁特克斯县特克斯河两岸台地上。2000～2004年，
发掘20余处墓地，共计289座墓葬。墓葬类型多样，分布有
一定规律，出土陶器、铜器、骨器、金饰品等。早期墓葬
的年代距今2500～2000年。

5-1

研磨器及眉笔

特克斯县恰普其海墓地出
土，现藏新疆文物考古研
究所。

陶罐

特克斯县恰普其海墓地出土，
现藏新疆文物考古研究所。

单耳带流罐

特克斯县恰普其海墓地出土，
现藏新疆文物考古研究所。

第三章
早期铁器时代

单耳长颈带流陶罐

特克斯县恰普其海墓地出土，
现藏新疆文物考古研究所。

单耳彩陶罐

特克斯县恰普其海墓地出土，
现藏新疆文物考古研究所。

细颈陶瓶

特克斯县恰普其海墓地出土,
现藏新疆文物考古研究所。

5-7

—

动物纹骨牌饰

特克斯县恰普其海墓地出土,
现藏新疆文物考古研究所。

包金铜簪

特克斯县恰普其海墓地出
土。通长17.5厘米。现藏新
疆文物考古研究所。

立羊柄铜镜

特克斯县恰普其海墓地出
土。镜面直径10.6厘米，通
长17.5厘米。现藏新疆文物
考古研究所。

新源县71团场1连鱼塘遗址

遗址长约200米，宽约80米。1984年发掘出土陶器、石器、铁器、铜器等。

6-1
—

武士俑

新源县71团场1连鱼塘遗址出土。通高40.6厘米，重3.8千克。现藏新疆维吾尔自治区博物馆。

三足铜鍑

新源县71团场1连鱼塘遗址
出土。通高34.5厘米，口
径39.5厘米。现藏新疆维
吾尔自治区博物馆。

对翼兽铜圈

新源县71团场1连鱼塘遗址出土。环径38厘米。现藏新疆维吾尔自治区博物馆。

铜方盘

新源县71团场1连鱼塘遗址出土。高足缺失。边长25.3厘米。现藏新疆维吾尔自治区博物馆。

阿拉沟古墓

阿拉沟古墓位于托克逊县西天山谷地（原乌鲁木齐市南山矿区），1976～1977年发掘墓葬90余座，出土陶器、铜器、金饰件等重要文物。在一些竖穴木椁墓中，出土有模压而成的虎、狮、兽面、花瓣等纹饰金饰，以虎纹圆形金牌、狮形金箔、对虎纹金箔带最为精美，还出土有漆器、刺绣等珍贵文物。年代距今2500～2200年前后。

7-1
—

金牌饰

托克逊县阿拉沟古墓出土。

高足承兽铜盘

托克逊县阿拉沟古墓出土。
通高32厘米，盘边长29.5厘
米，为祭品。现藏新疆维吾
尔自治区博物馆。

7-3
—

狮形金箔饰

托克逊县阿拉沟古墓出土。
长20厘米，宽11厘米。现
藏新疆维吾尔自治区博
物馆。

喀依纳尔1号墓地石人

位于阿勒泰市切木尔切克墓地。

恰勒格尔鹿石

青河县发现，现藏青河县博物馆。

什巴尔库勒鹿石

青河县发现，现藏青河县博物馆。

三道海子遗址

位于青河县查干郭勒乡阿尔泰山间盆地，海拔2700米左右。在南北长32千米、东西宽18.4千米的范围内，有三个谷地，分布着三个较大的石堆性质遗址和一些小型遗址、石堆墓。

鹿石

青河县三道海子遗址分布的
典型鹿石。

四棵树古墓

位于乌苏市四棵树乡南，1998年以来共发掘30余座墓葬，
出土一批陶器、铜器、铁器、黄金制品、骨器等。墓葬年
代距今2700～2200年。

细颈弦纹陶壶

乌苏市四棵树墓地出土。口
径14厘米，底径10厘米，
高46.8厘米。现藏新疆文物
考古研究所。

单耳带流铜罐

乌苏市四棵树墓地出土。口
径9.7厘米，底径9.4厘米，
流长4.5厘米，高10.3厘
米。现藏新疆文物考古研
究所。

模铸金饰件

乌苏市四棵树墓地出土。高6厘米，宽5厘米，重
1.2克。现藏新疆文物考古研究所。

10-4

金牛饰件

乌苏市四棵树墓地出土。高1.4
厘米，宽2.8厘米。现藏新疆文
物考古研究所。

塔里木盆地及周边地区

察吾呼晚期文化主要分布在靠近塔里木盆地北缘的天山南坡的山口地带，并沿天山向西进入到拜城一线。此类文化的墓葬往往连片分布，随葬品中常见有马具，墓地也有随葬马头的习俗，显然属于骑马民族的遗存。

下坂地晚期墓葬与早期墓葬差别明显，代表着东进的高加索人群在帕米尔地区的长期存在和演变，最终向东进入到塔里木盆地的南部边缘一线。在克里雅河下游地区也可见到这种文化的分布和影响。

山普拉早期类型文化主要分布在和田绿洲一带，发现有大型的丛葬坑，显示了聚族而葬的习俗。其文化来源与东进的高加索族群的关系密切，晚期类型遗存一直延续到汉魏时期。

扎滚鲁克晚期类型文化主要分布在车尔臣河流域的中下游，来源因素中见有南下的骑马民族的部分因素和西进的蒙古族群的传统因素，也见有东进的高加索人群的部分影响，显示了多种文化融合的特点。

11
—
察吾呼古墓

察吾呼晚期墓葬为早期铁器时代墓葬，常见有马具出土，属于游牧民族文化遗存。距今2500年前后。

11-1
—
单耳带流罐

和静县察吾呼墓群出土，
现藏新疆文物考古研究所。

11-2
—
铜马衔

和静县察吾呼墓地出土。通长17.5厘米。现藏新疆文物考古研究所。

熊首铜刀

和静县察吾呼墓地出土。长
12.2厘米。柄首为一立熊。
现藏新疆文物考古研究所。

铜权杖头

和静县察吾呼墓地出土。直径
5厘米，高3.2厘米。现藏新疆
文物考古研究所。

拜勒其尔墓地

位于和静县西部开都河右岸的河谷台地上，1993年发掘大
中型墓葬3座，出土陶器、铜器及黄金饰件等珍贵文物百
余件。墓葬年代距今2500～2200年。

12-1
—

金饰件

和静县拜勒其尔墓地出土。

第三章
早期铁器时代

扎滚鲁克墓地

位于塔克拉玛干沙漠南缘、且末县托格拉克勒克乡扎滚鲁克村附近，共有5处古墓地。1985～1998年四次考古发掘墓葬169座，其中一号墓地167座，二号墓地2座。

13-1
—

狼羊纹木盒

且末县扎滚鲁克墓地出土。长13.5厘米，高5厘米，宽4.5厘米。现藏新疆维吾尔自治区博物馆。

纺轮盒

且末县扎滚鲁克墓地出土,现
藏新疆维吾尔自治区博物馆。

纺轮、纺杆

且末县扎滚鲁克墓地出
土,现藏新疆维吾尔自治
区博物馆。

第三章
早期铁器时代

第四节

早期铁器时代的社会经济和东西方文化交流

在早期铁器时代，农业经济在新疆各地得到普遍发展。在塔里木盆地周边的各种文化众多的墓葬中，都发现有用小麦制品随葬的风俗。农业的发展使绿洲经济得到稳定的提高，同时也保证了绿洲政体能够相对独立的存在和延续。

骑马民族文化在中亚兴起后，新疆各地的高山牧场和河谷平原很快就成为这些游牧人群往返驰骋的家园，早期的冶铁术也正是在他们的手中东传进入了中原地区。他们不断东进，最终成为西汉王朝的主要威胁和强大对手。

由于游牧民族的不断发展壮大，反映游牧民族信仰和习俗的萨满教成为各地的主要信仰方式，自然山川和河流都可能是原始崇拜的对象，万物有灵的观念深入人心。

此时期主要的交通路线有几条：在准噶尔盆地是沿着阿尔泰山南麓由西向东穿越大盆地，穿过巴里坤并继续东进，或者是翻越天山中部的山口进入塔里木盆地，这是高加索人群自南西伯利亚地区进入新疆北部并不断东进的路线。在东疆地区，西进的蒙古人种的族群是沿着哈密、吐鲁番一线分布，进入天山中部后，一部分继续西进到伊犁，一部分翻越天山进入塔里木盆地，并沿着盆地的北缘和南缘继续西进。在南疆西南部，东进的高加索族群翻越帕米尔后，一路逐步进入塔里木盆地的南缘，一路分布到盆地的北缘，并与西进的蒙古族群在盆地内的各地进行了广泛的交流和融合发展。这些早期的文化交流过程为汉代丝绸之路的开辟提供了坚实的基础。

14-1

陶钵中的粟米

鄯善县苏贝希墓地出土。陶钵中的粟米反映了当时的农业状况。现藏新疆文物考古研究所。

陶钵中的食物

鄯善县苏贝希墓地出土。
粟米面做成的条状面食和
羊尾骨说明了当时农业和
畜牧业的发展水平。现藏
新疆文物考古研究所。

弓、箭和皮质箭箙

鄯善县苏贝希墓地出土。弓长
121厘米。现藏新疆文物考古研
究所。

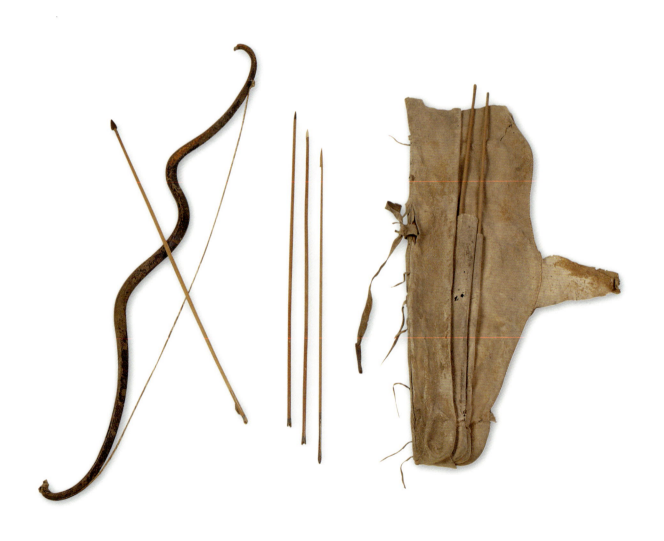

马鞍辔

鄯善县苏贝希墓地出土。由马
鞍、马鞭和马嚼子组成。马
鞍由皮革、毛毡缝制，内填鹿
毛。现藏新疆文物考古研究所。

男性干尸及其服饰

鄯善县苏贝希墓地出土。
头戴灰白色毡帽，穿羊皮
大衣、粗毛布裤和连裤毡
靴。现藏新疆文物考古研
究所。

女性干尸及其服饰

鄯善县苏贝希墓地出土。高耸
的帽饰中心为毡，外裹毛线织
就的网罩。女尸穿羊皮大衣、
彩色毛裙、短勒皮靴。现藏新
疆文物考古研究所。

压花皮盒

哈密市五堡墓地出土。通
长16厘米，宽2.5～9.8厘
米，厚2.5～3.7厘米。现
藏哈密博物馆。

毛编织带

鄯善县洋海墓地出土，
现藏吐鲁番博物馆。

木俑

哈密市焉布拉克墓地出
土。女俑通高16.7厘米，男
俑通高15厘米。出土时木
俑头上戴帽，身上裹物。
现藏哈密博物馆。

第三章
早期铁器时代

康家石门子岩雕刻画

位于呼图壁县。画面东西长14米，上下高9米多，面积达
120平方米左右。上面刻绘着二三百个大小不等、身姿各异
的人物和动物岩画，为多次分批刻成。岩画有叠压现象，
表现两性结合，反映祈求子嗣繁衍、人丁兴旺的愿望。

岩雕刻画局部

早期铁器时代东西方文化
交流物证考古发现图

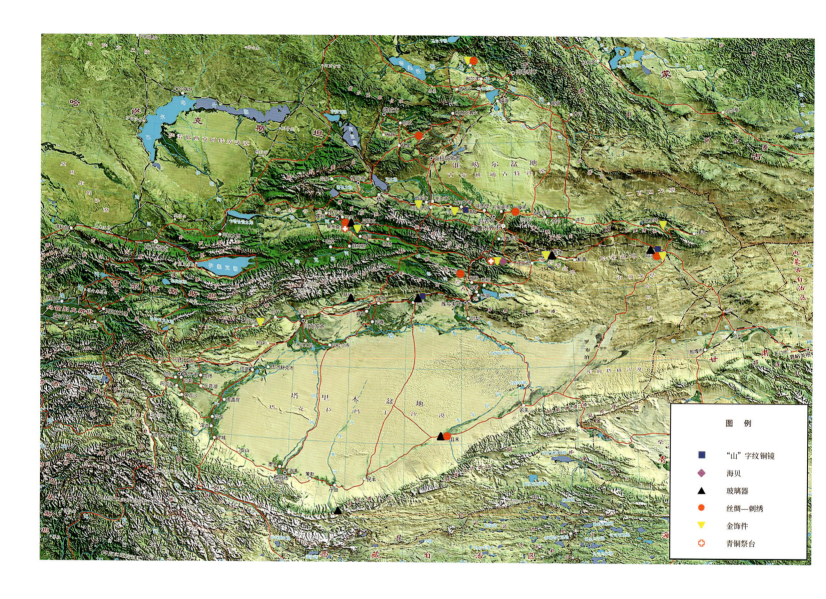

对鸟纹刺绣

俄罗斯阿尔泰共和国巴泽雷
克墓地出土

蜻蜓眼珠饰

尼勒克县吉林台墓地出土,
现藏新疆文物考古研究所。

立羊柄铜镜

伊吾县拜其尔墓地出土。长16厘米,
镜径7.7厘米。现藏哈密博物馆。

正　　　　　　　背

蘑菇状立耳圈足铜鍑

1976年乌鲁木齐市南山征集。通高57厘米，口径37.7厘米，重26千克。铜鍑是草原民族常用的炊器，广泛流行于广袤的欧亚草原上。鍑的器壁薄，传热较快，特别适于架火煮肉。铜鍑是一种适应游牧民族的生活用具。现藏新疆维吾尔自治区博物馆。

24
—

铜鍑

巴里坤县兰州湾子遗址出土。

"山"字纹铜镜

昌吉回族自治州玛纳斯
县黑梁湾土墩墓2号墓出
土。直径11.5厘米，厚
0.4厘米。现藏玛纳斯县
博物馆。

"山"字纹铜镜

俄罗斯阿尔泰共和国巴泽
雷克墓地出土。

格里芬风格金饰件

阿合奇县库兰萨日克墓地出土。长2.9厘米，高2.42厘米。现藏克孜勒苏柯尔克孜自治州博物馆。

反卷骏马纹金饰件

阿合奇县库兰萨日克墓地出土。长5厘米，高4.5厘米。现藏克孜勒苏柯尔克孜自治州博物馆。

第三章
早期铁器时代

在经历了秦末农民起义和楚汉相争的战乱之后，西汉建立起来了。西汉（前202～公元8年）是我国统一的多民族国家发展的重要时期。西汉建立之初，为尽快恢复经济，实行轻徭薄赋，与民休息的统治政策，把主要精力放在稳定社会秩序、恢复和发展生产以及加强内部统治上。

稍早于此前，在我国广袤的北方草原地区，匈奴在其著名首领冒顿的领导下，东破东胡，西击月氏，北服丁零、坚昆，南并白羊、楼烦，已建立起强大的游牧政权。匈奴游牧政权不时南下扰掠西汉边郡，威胁新兴的西汉政权的安全。公元前200年，汉高祖刘邦亲自率领三十万大军反击匈奴，结果被围于平城白登山，以失败告终。西汉被迫对匈奴采取和亲政策，与匈奴『约为兄弟』，嫁翁主（诸王宗室之女）与匈奴为阏氏，每年向匈奴输送大量财物、粮食，以沉重的负担换得了北部边境暂时的安宁，但匈奴对西汉的威胁并没有解除。

西汉初年，西域分布着许多小国，史称『三十六国』。文帝三年（前177年）前后，匈奴右贤王向西击破月氏，占领了西域地区。西域成为匈奴获取物资、进行扩张的重要基地。

经过数十年的休养生息，西汉国力大增。武帝即位后，决定反击匈奴。建元三年（前138年），武帝派遣张骞出使西域，联络月氏共同抗击匈奴，但未能实现。在经过元朔二年（前127年）的漠南之战、元狩二年（前121年）的河西之战和元狩四年（前119年）的漠北之战等几次重大战役之

第四章

西汉时期的西域

后，匈奴遭受沉重打击，统治重心西移，『漠南无王庭』，更加倚重西域。此时，武帝再派张骞出使西域，联络乌孙，实施『断匈奴右臂』战略。但因乌孙对西汉国力并不了解，加之昆弥年老，结盟乌孙的计划未能实现。为实现图制匈奴、广地万里的目标，西汉开始派兵西域。在经过五征车师、两伐大宛及本始之战后，匈奴在西域的统治大大削弱。

地节二年（前68年），西汉派遣郑吉等领兵屯田渠犁，与匈奴争夺交通要地车师。次年，西汉以郑吉为都护，设立西域都护府统辖西域。初元元年（前48年），西汉设戊己校尉屯田于西域。直至西汉末，西域一直在汉朝的统治之下。

王莽统治时期，由于实行激进的民族政策，引起边疆各族的普遍不满，焉耆等国起而反叛，王莽派兵征讨，却又以失败告终，匈奴趁机重新占领了西域。

西汉统一西域之后，当地社会稳定，为经济文化的发展创造了条件。西域进入一个经济文化快速发展的时期。农业和游牧是西域经济最基本生产方式。同时，当地的手工业和商业也有了很大发展。伴随着西汉屯田的开展和与内地交往的密切，内地先进的生产工具、生产技术传播到西域，有力地促进了西域地区的经济发展。

西汉时期，西域是一个多民族聚居、多元文化并存的地区。塞人、羌、乌孙、匈奴、汉等共居于此，游牧文化与农耕文化在这里交相辉映。

『西域』一词，最早见于《史记》。建元六年（前135年），司马相如告巴蜀太守檄中就有『康居西域，重译请朝，稽首来享』的语句。西域有广义和狭义之分。广义的西域是指玉门关、阳关以西的广大地区，狭义的西域指塔里木盆地及其周邻地区。本书所称的西域是指西汉西域都护府统辖的范围，重点是天山南北地区，略相当于今天的新疆。

西汉初期，西域地区分布着诸多小国，史称『西域三十六国』。其大者数万人，小者仅仅几百人。如《前汉纪》就按户口数，将西域诸国分为三级，即一千户以上为大国，七百至一千户为次大国，七百户以下为小国。实际上，西域大国数量十分有限，更多是数百户乃至少至数十户的所谓『小国』，与其说那些只拥有数十户人口的地区是『国』，还不如说它更像是村落或聚落，其性质与我们现在所说的『国家』有着本质的区别。西域地域广大，自然条件各异。依生

产方式的不同，西域诸国大体可分为以游牧为主的『行国』和以农耕定居为主的『城郭诸国』。游牧行国主要分布在天山以北及天山南麓、昆仑山北麓、帕米尔高原的河谷地带。他们逐水草而居，以畜牧为业。城郭诸国主要分布在塔里木盆地周缘的绿洲上，人们依靠高山融雪发展起了灌溉农业，过着定居的生活。

西域沙漠、戈壁广袤，又有高山阻隔，不利于交通，但塔里木盆地南北两缘绿洲绵连成串，是汉代西域各国相互联系、东西方相互往来的通衢。

西汉文帝前元三年（前177年）前后，匈奴右贤王率兵再次击败月氏，迫使其西迁至伊犁河、楚河流域，西域被匈奴占领。后匈奴西边日逐王设僮仆都尉管理西域，『赋税诸国，取富给焉』，引起西域诸国的普遍不满。

西汉全图

（采自《中国历史地图集》）

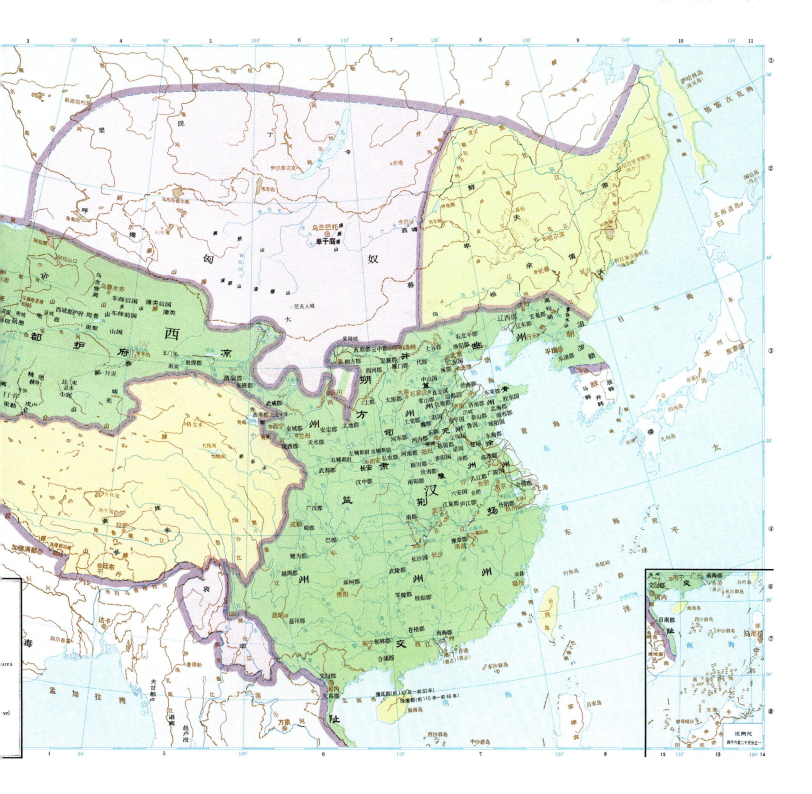

2

西域诸国

此图为南宋景定年间（1260～1264年）雕版墨印，形象地表示天山、葱岭、北山、南山、石山和积石山及其名称，清晰地绘出中原通往西域的两条路线，标注了包括鄯善、小宛、精绝、于阗、姑墨等三十六国在内的地名70多处。该图对研究西域地理沿革有参考价值。现藏于中国国家图书馆。

3

尼雅遗址

为汉代精绝国故址，1901年由斯坦因首次发现。古城址平面呈椭圆形，周长590米。城门位于南墙中部，城墙由淤泥垛积而成。古城大多已被高大的红柳包占据。

尼雅N5官署及佛寺遗址

编号N5遗址为一处典型的官署建筑聚落，由寺庙及若干附
属性建筑（果园、林带、冰窖、畜圈）和篱笆等组成。

尼雅N5官署及佛寺遗址

第四章
西汉时期的西域

4 楼兰故城鸟瞰

圆沙古城

位于克里雅河下游老河床东岸，平面呈不规则四边形。城垣周长995米，南北最长处330米，东西最宽处270米，残存城垣最高可达11米，可辨南面、东面城门遗迹。圆沙古城可能是汉代扜弥国都所在地。

5-1
—

陶罐

圆沙古城11号墓地出土。高32厘米。单耳，两侧及颈部有半月形附加堆纹。现藏新疆文物考古研究所。

交河故城

位于吐鲁番市西10千米雅尔乃孜沟台地上，因"河水分绕
城下，故号交河"而得名。西汉时初为车师王城，车师分
为前、后王国后，此地为车师前王国都城。

金项圈

1996年吐鲁番市交河沟西台地1号西汉墓出土。弧长27厘米，宽1.9～4.1厘米，重77.7克。由半环形中空扁管上下组合而成。上、下两扁管上表现动物追逐、撕咬，形象生动。现藏新疆文物考古研究所。

鹰虎相搏纹金牌饰

吐鲁番市交河故城沟北墓地1号墓出土。长8.4厘米，宽5.75厘米，重5.5克。锤镲而成。现藏新疆文物考古研究所。

金骆驼

吐鲁番市交河故城沟北墓地1
号墓出土。高2.2厘米，长2.8
厘米，重1.5克，锤镍而成。
现藏新疆文物考古研究所。

金鹿

吐鲁番市交河故城沟北墓地1
号墓出土。长3.3厘米，高3.8
厘米，重3.2克。现藏新疆文
物考古研究所。

柯尤克沁古城

位于轮台县大道南乡东南约20千米的荒漠中。城平面略作方圆形，周长940米。城中央有高约6米的高台建筑遗迹。古城可能是汉代仑头国故址。

8
—

察吾呼3号墓地

与察吾呼墓群其他墓地所属的青铜至早期铁器时代不同，3号墓地的时代确定在汉代前后。

8-1
—

骨梳

和静县察吾呼3号墓地出土。高4.1厘米，宽3.2厘米，厚0.3厘米，梳齿长1.6厘米。现藏新疆文物考古研究所。

8-2
—

陶纺轮

和静县察吾呼3号墓地出土。纺轮直径3.7厘米，厚1.4厘米，孔径0.7厘米。一面中间微凸，另一面平整，饰以三圈锥刺纹圆点。现藏新疆文物考古研究所。

小山口墓地

小山口墓地位于和静县巴润哈尔莫墩乡拜勒其尔村西，地处焉耆盆地西部开都河中下游北岸台地上。包括1、2两处墓地，东西相距7千米，其中1号墓地发掘345座，2号墓地发掘108座。墓葬可分为早、中、晚三期，晚期墓葬年代在汉晋时期。

9-1
—

刻划纹陶罐

和静县小山口墓地出土，
现藏新疆文物考古研究所。

9-2
—

刻划纹陶罐

和静县小山口墓地出土，
现藏新疆文物考古研究所。

乌孙大墓

位于伊犁哈萨克自治州昭苏县夏特乡，又称土墩墓或乌孙
土墩墓，三五成排。大者高20米，底部周长230米；小者高
2.5米，底部周长近12米。出土有凿、铲、箭头、镰刀、大
锅、三足鼎、方盘、茧形陶壶、金箔、嵌宝石金戒指，以
及战国时期的人面兽足铜盘、青铜武士像等。

鼓腹陶壶

昭苏县夏特乡乌孙大墓出
土。高12厘米，口径6厘
米。现藏新疆维吾尔自治区
博物馆。

10-2

陶壶

昭苏县夏特乡乌孙大墓出
土。高15.3厘米，口径7厘
米。现藏新疆维吾尔自治区
博物馆。

茧形陶壶

昭苏县夏特乡乌孙大墓出土。
高20厘米，口径6.5厘米。
现藏新疆维吾尔自治区博物馆。

10-4

石杯

昭苏县夏特乡乌孙大墓出土。高
10厘米，口径6.5厘米。现藏新
疆维吾尔自治区博物馆。

10-5

镶宝石金戒指

昭苏县夏特乡乌孙大墓出土，
指环直径2.2厘米。现藏新疆维
吾尔自治区博物馆。

东黑沟遗址

位于巴里坤哈萨克自治县石人子乡石人子村南，背靠东部
天山，西临巴里坤湖。这里水草丰美，自古就是游牧民
聚居地区。此为汉代匈奴文化遗址，遗迹种类有石筑高
台、墓葬、石围基址、岩画等。出土陶器、石器、骨器和
金器。

动物纹金牌饰

巴里坤哈萨克自治县东黑沟遗址出土。长6.5厘米，宽3厘米，表面的动物纹系压模而成。现藏新疆维吾尔自治区博物馆。

11-2
——

金花

巴里坤哈萨克自治县东黑沟遗址出土。长3.1厘米，厚0.02厘米，呈四瓣菱花状。现藏新疆维吾尔自治区博物馆。

11-3

几何纹圆形扣

巴里坤哈萨克自治县东黑沟遗址出土。直径4.5厘米。主体纹样为压模而成。背面有一桥形纽，纽的两端各有一个小穿孔。现藏哈密博物馆。

11-4

铜带饰

巴里坤哈萨克自治县东黑沟遗址出土。背面右端有一桥形纽。纹样为动物形象，有抽象的角和眼睛。长5.5厘米，纽高0.7厘米。现藏哈密博物馆。

第四章
西汉时期的西域

第二节 西汉统一西域

西汉经过数十年的休养生息，至武帝继位时，已是国库充盈，国力强大，开始谋划对匈奴的反击。建元三年（前138年），武帝派遣张骞出使西域，联络被匈奴击破西迁的月氏，共同抗击匈奴，但无果。元狩四年（前119年），为实现『断匈奴右臂』战略，武帝再次派遣张骞出使西域，试图结盟西域大国乌孙共抗匈奴。但乌孙慑于匈奴淫威，又不知汉朝实力，结盟行动再次宣告失败。就在这一年，河西战役获胜，西汉控制了通往西域的要地——河西走廊，为与匈奴争夺西域奠定了基础。

在寻求结盟西域国家共抗匈奴未能实现的情况下，西汉派兵与匈奴争夺西域。元封三年（前108年），汉朝派遣赵破奴率领『属国骑』和边郡军队数万人进攻姑师（后称车师），开始了与匈奴争夺西域的军事行动。赵破奴率先领七百轻骑袭破楼兰，俘获楼兰王，楼兰归附汉朝。太初元年（前104年），西汉以大宛劫杀求马使者为由，派李广利率兵远征大宛，由于出兵仓促，结果损失惨重，失利而归。太初三年（前102年），武帝再令李广利第二次率兵征伐大宛，大宛归附。远伐大宛的胜利，使西域震惧，诸国多遣使贡献。

元封四年（前107年），汉朝以江都王刘建之女细君为公主，与乌孙昆弥联姻。之后不久，乌孙又与匈奴联姻。乌孙昆莫以匈奴夫人为左夫人，以汉朝夫人为右夫人，匈奴夫人的地位高于汉朝夫人。在其后的三十余年，乌孙始终摇摆于汉朝与匈奴之间。本始元年（前73年），乌孙昆莫军须靡与汉朝公主遣使者报告，匈奴连年发兵，攻占了乌孙东部地区，并索取汉朝公主，令其断绝与汉朝的来往，请求汉朝出兵救援乌孙。是年，汉廷派出五路大军与以常惠持节监护的乌孙军队共同讨伐匈奴，获得胜利，匈奴在西域的统治进一步削弱。

12
—

张骞出使西域

12-1

张骞墓

张骞（？～前114年），两次出使西域。其墓位于陕西汉中市城固县城以西3千米处的博望镇饶家营村。1938年5～8月，西北联合大学历史系对张骞墓进行了调查和发掘，出土残砖、瓦片、陶片、五铢钱等汉代文物。《城固县志》载："汉博望侯张骞墓，（距县城）西五里。"

张骞出使西域路线示意图

采自《中国历史地图集》。为联络西域夹击匈奴，公元前138～前126年，公元前119～前115年，张骞两次奉命出使西域，先后到达乌孙、康居、大宛、大月氏等国，带回了关于西域的确切信息。此图中箭头线反映了张骞出使西域的路线。

张骞出使图

此为敦煌莫高窟第323窟壁画局部，名为"张骞出使图"。张骞两次出使西域，建立了汉朝与西域各国的友好关系，促进了中西经济、文化的交流和发展。张骞西使是丝绸之路正式开辟的标志。

图例

○　要地
←　张骞西行线
←- -　张骞副使行线

大云山汉墓

位于江苏盱眙县马坝镇云山村大云山山顶，西距盱眙县城30千米。2009～2011年，南京博物院等对大云山汉墓区进行全面勘探与抢救性发掘，确认1号墓墓主为细君公主之父江都王刘建的父亲刘非（前168～前128年）。出土陶器、铜器、金银器、玉器、漆器等遗物1万余件（套）。图为1号墓（下）与2号墓的航拍照片。

悬泉置遗址

位于甘肃敦煌甜水井东南3千米处，是迄今为止我国发现的保存最为完整、出土文物最多的一处汉魏驿置遗址。共出土汉代简牍35000余枚，其中有字简牍23000余枚。悬泉汉简中保留了大量西域各国使者途经悬泉置的有关记录，是研究丝路贸易及汉与西域关系的珍贵资料。

乌孙、莎车王使者简

悬泉置遗址出土。

简文

乌孙、莎车王使者四人，
贵人十七，献橐佗六匹，
阳赐记□

"过长罗侯费用簿"

甘肃悬泉置遗址出土，共18枚简，为一完整的册子。元康五年即神爵元年（前61年），元康五年三月改元神爵。此为悬泉置接待长罗侯常惠属从人员的开支记录。常惠，宣帝本始二年（前72年）为校尉，持节使乌孙，率乌孙兵5万与汉朝击败匈奴，被封为常（长）罗侯。"过长罗侯费用簿"反映元康五年长罗侯常惠及其部属路过悬泉时受到盛馔接待的情况。

简文

简61：县（悬）泉置元康五年正月过长罗侯费用簿（簿）。县掾延年过。

简62：入羊五，其二罜（羔），三大羊，以过长罗侯军长吏具。

简63：入鞠（曲）三石，受县。

简64：出鞠（曲）三石，以治酒之酿。

简65：入鱼十枚，受县。

简66：入豉一石五斗，受县。

简67：今豉三斗。

简68：出鸡十只一枚，以过长罗侯军长史二人、军候丞八人、司马丞二人、凡十二人。其九人再食，三人一食。

简69：出牛肉百八十斤，以过长罗侯军长史廿人，斥候五十人，凡七十二人。

简70：出鱼十枚，以过长罗侯军长史具。

简71：出粟四斗，以付都田佐宣，以治庚（羹）。

简72：出豉一石二斗，以和酱食施刑士。

简73：入酒二斗，受县。

简74：出九十八石，以过军吏廿，斥候五人，凡七十人。

简75：凡酒廿。其二石受县，十八石置所自治酒。

简76：凡出酒廿石。

简77：出米廿八石八斗，以付亭长丰德、都田佐宣以食施刑士三百人。

简78：凡出米卅八石。

61 62 63 64 65 66 67 68 69 70 71 72 73 74 75 76 77 78

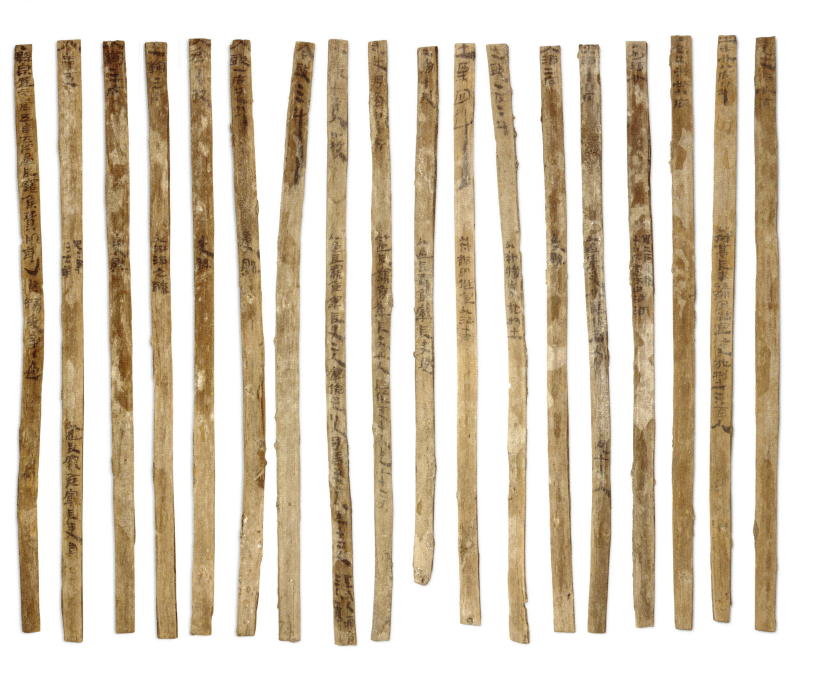

西汉统一西域以后，采取了一系列措施对西域进行治理，其中主要包括设官建制、屯田驻军、颁发印绶、修建烽燧等。神爵三年（前59年），西汉政府以郑吉为第一任都护，设立西域都护府，管辖西域。西域都护府治乌垒（今轮台县策大雅附近）。西域都护是汉朝中央任命的管理西域的最高军政长官，秩比二千石，略低于内地的郡守。《汉书·西域传》载：

『都护督察乌孙、康居诸外国，动静有变以闻。可安辑，安辑之；可击，击之。』西域都护属吏有副校尉、丞、司马、侯、千人等。初元元年（前48年），西汉设戊己校尉于车师。戊己校尉是戊、己二校尉的合称，戊己校尉受西域都护节制。

戊己校尉是西汉在西域派驻的军事力量，所领士卒平时屯田，战时出征。伊循都尉是西汉在交通要冲楼兰设置的另一官职，系由伊循司马发展而来，负责楼兰地区的屯田，镇抚楼兰，为过往使者、军队、商人提供物资保障，维护通往西域道路的畅通。汉朝对西域王公贵族实行册封、颁发印绶，使其管理本地具体事务。西域诸国『自译长、城长、君、监、吏、大禄、百长、千长、都尉、且渠、当户、将、相至侯王，皆佩汉印绶，凡三百七十六人』（《汉书·西域传》）。受到册封的西域诸国有向汉朝朝贡、遣子入侍、出兵维护当地稳定以及为往来人员提供向导、供应物资、维护交通畅通的义务。汉朝为保证与西域交通，自玉门、阳关修筑长城及烽燧、亭障等军事设施。自玉门关、阳关以西经罗布泊直至库车西北，至今保留着众多属于汉代的烽燧遗迹，烽燧绵连成线，是当时军事防御和交通的重要设施。

15

西域都护与西域都护府

西域都护是职官名，为西汉神爵二年（前60年）中央政府设置的秩比两千石的管理西域的官员，属官有丞、司马、侯、千人。都护代表中央政府在西域行使主权，其办事机构是西域都护府。西汉时，西域都护先后有郑吉、韩宣、甘延寿、段会宗、廉褒、韩立、郭舜、孙建、但钦、李崇等18人。西域都护府最早设在距轮台不远的乌垒城（今新疆轮台策大雅附近）。它的设立加强和巩固了西域地区与中原地区在政治、经济、文化上的联系，是新疆成为祖国不可分割一部分的标志，史籍和文物中"西域都护"的内容为其铁证。

15-1

宋版《汉书》卷九十六上《西域传》书影

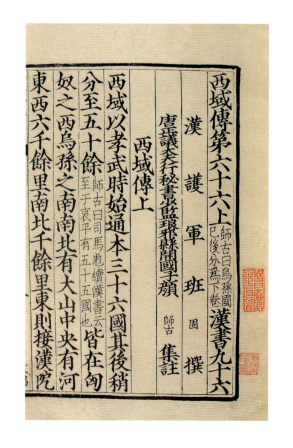

"西域都护"木简

此为马圈湾出土汉简57号。

简 文

西域都护领居卢訾仓守司
马鸿再拜言鸿□□

马圈湾汉简

1979年，甘肃省文物考古工作队对敦煌马圈湾汉代烽燧遗址进行了发掘，共掘获简牍1200余枚，其中第5号探方所出简牍涉及王莽统治时期西域地区政治、军事和民族关系等内容。如汉简中反映的王莽时期发生在车师的战争。

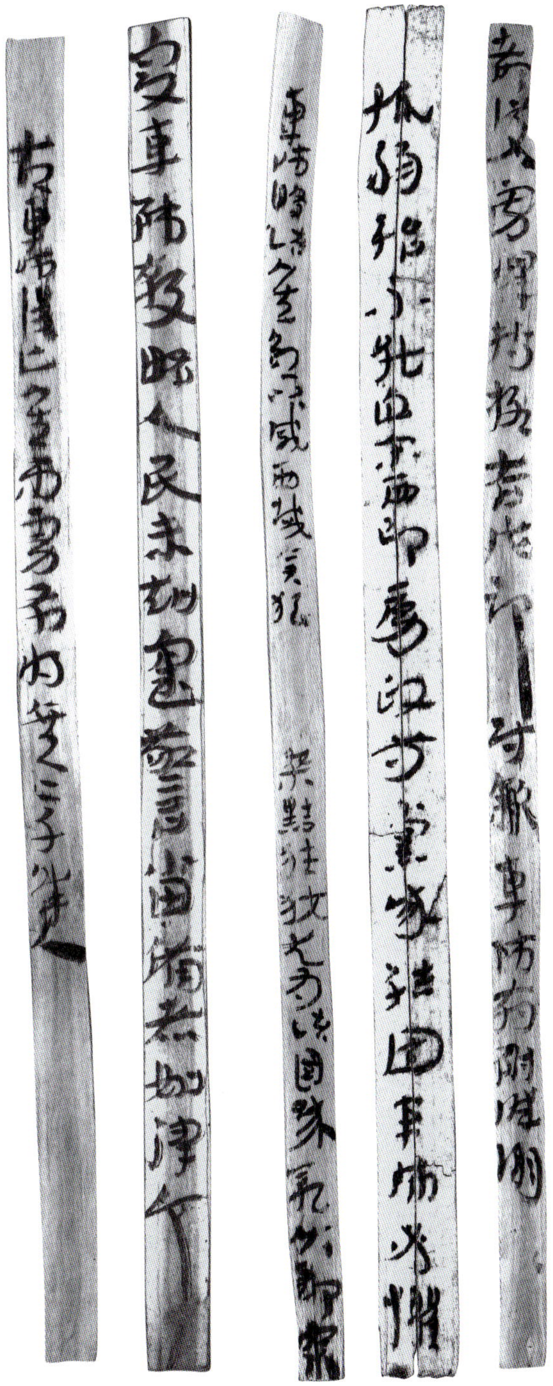

简 文

简86：故车师后亡侯弟艕前将兵二千余人

简69：寇车师杀略人民未知审警当备者如律令

简72：车师略诸侯欲以威西域贪狼桀黠狂狡左为诸国贼乱戊部众

简74：孤弱殆不战自东西即艕收等党成结固车师必懼

简112：都护艕译持檄告戊部尉钦车师前附城诩

86

69

72

74

112

马圈湾汉简

简文

简76：使西域大使五成左率都
尉□□□

简95：西域都护领居卢訾仓守
司马鸿叩头死罪死罪

简108：尉相闻檄其精勢勇以
坏龟兹车师诸国大煎都候障近
于西域

简147：臣厶罪在西域期于殄
逆虏平定诸国然后归（谓）

马圈湾汉简

简　文

简114：□南将军焦布乘其力子
男皆死今恭奴言鄯善反我鄯善
简118：使西域大使五威左率都
尉粪土上臣厶稽首再拜上书
简119：共奴与焉耆通谋欲攻车
师戊部孤军大都护
简149：焉耆虏还且将秦八千人
皆发与南将军期会车师

李崇（忠？）之印信

新和县乌什卡特古城出土。通高1.3厘米，边长1.2厘米，鼻纽铜印，印文阴刻篆书"李崇（忠？）之印信"五字。李崇，天凤三年（16年）任西域都护，后卒于龟兹。有学者认为，该印是李崇（忠？）的私印。现藏中国国家博物馆。

"汉归义羌长"印

1953年沙雅县于什格提出土。羊纽，高3.5厘米，印面边长2.3厘米，是汉政府授予羌族首领的印信。现藏中国国家博物馆。

黄金带扣

1975年出土于焉耆县金疙瘩汉墓。长9.8厘米，宽6厘米，重48克。龙作游动翻腾状。韩国中央博物馆藏有与此相同的金带扣。它们或许是由汉朝中央政府赏赐给各地政权首领的，死后又埋入墓中。现藏新疆维吾尔自治区博物馆。

四神规矩纹铜镜

和静县223团机务连出土。
直径10厘米。其上有乳钉
和十二地支铭文，铺地为
规矩纹，青龙、白虎、朱
雀、玄武四神各占一方，
外区是环列二十八字隶书
铭文："尚方作镜真太
巧，上有仙人不知老，渴
饮玉泉饥食枣，浮游天下
敖四海。"现藏和静县博
物馆。

"君宜高官"铜镜

民丰县尼雅夫妻合葬墓出
土。直径10.6厘米。铜镜
背面刻"君宜高官"四字。
现藏新疆维吾尔自治区博
物馆。

乳钉纹铜镜

罗布泊西岸采集。直径11.5
厘米。现藏新疆维吾尔自
治区博物馆。

连弧纹铜镜

1972年昌吉回族自治州奇
台县征集。直径8.6厘米，
红铜铸制，外圈有"日"字
铭文装饰。现藏新疆维吾尔
自治区博物馆。

23

"新难兜骑君"印

瓦纽，印面纵2.45厘米，横2.3厘米。难兜，古代西域国名。《汉书·西域传》："难兜国，王治去长安一百五十里。户五千，口三万一千，胜兵八千人。东北至都护治所二千八百五十里，西至无雷三百四十里，西南至罽宾三百三十里，南与婼羌、北与休循、西与大月氏接。"其地约当今喀喇昆仑山脉西南、印度河上游一带。现藏上海博物馆。

24

驼纽铜画押

且末县来利勒克遗址采集。通高2.3厘米，印面边长2.1厘米。现藏且末县博物馆。

第四章
西汉时期的西域

玉门关

汉时为通往西域各地的门户，
故址在今甘肃敦煌西北约90千米处。

楼兰LE城

位于若羌县罗布泊镇西北荒漠中。城平面近方形，东西约122米，南北约137米。城墙夯土版筑，间以红柳枝。墙基宽3.66米，残高3米。有学者认为，LE城为汉伊循城故址。

27
—

高昌故城

位于吐鲁番市三堡乡。始建于公元前1世纪，初名高昌壁，
是西汉王朝在车师前国境内的屯城。故城北距火焰山南麓
的木头沟沟口（胜金口）约6.5千米，东距鄯善县城约55千
米，扼丝路交通要道。

土垠遗址

位于若羌县罗布泊镇罗布泊村西北65千米的孔雀河尾闾风蚀台地上。台面三面临水，被认为是居卢訾仓。该遗址出土了汉代木简70余枚，纪年从汉黄龙元年（前49年）至元延五年（前8年）。

脱西克吐尔烽燧

位于尉犁县古勒巴格乡兴地村西南40千米的荒漠中。立面呈梯形，底部边长10米，顶部边长7米，存高8.6米。烽体外有围墙。烽燧由土坯建筑，土坯尺寸为40厘米×21厘米×10厘米。

孙基烽燧

位于尉犁县新平乡喀拉洪村
21.5千米的荒漠中。烽体为土
坯（间加芦苇）建筑，底部呈
长方形，南北边长18米，东西
边长10.8米，存高7.3米。

沙鲁瓦克烽燧

位于尉犁县阿克苏甫乡吉格得
巴格村34千米的荒漠中。烽
体为土坯（间加芦苇和胡杨）
建筑，底部呈长方形，南北长
17.3米，东西长12.2米，存高
7.5米。

克孜尔尕哈烽燧

位于库车县城西北13千米处的却勒塔格山南，西临盐水沟。烽燧基部呈长方形，长6.5米，宽4.5米，通高13.5米。烽体夯土中夹杂着芦苇、红柳等，在汉代烽燧遗址中极具典型性。

第四章
西汉时期的西域

托布协遗址

位于尉犁县西一牧场托布协村东南6.8千米的塔里木河支流阿拉达里亚南岸的沙漠边缘，北距已经干涸的阿达里亚河1.2千米。其发现于1984年，为一条长约5千米的水渠遗迹。1989年文物普查时，水渠大部以被风沙掩埋，仅有100余米露在地表。渠宽2米，深0.2～0.3米，渠底较平。水渠附近发现大量的陶片，被认为是汉代遗存。

米兰古伊循城

地处今若羌县米兰东2.5千米处。其地肥美，昭帝元凤四年
（前77年），汉遣司马、吏士40人，于其地屯田，置都尉
统领之，可能是汉代伊循城。

东汉时期，西域历史的发展与西汉时期一样，始终受到中原王朝与匈奴游牧政权之间关系发展变化的支配，同时也受到东汉王朝边疆经略政策的影响。这一时期西域历史发展呈现出的阶段性特征，可分为初期、中期、后期三个时期。初期是指从光武帝建武元年（25年）至明帝永平十五年（72年）的四十余年。此间，西域处于匈奴的控制之下，西域诸国不满匈奴的役使，遣使请求东汉派遣都护，但东汉王朝初立，忙于政权的巩固和恢复生产，无暇西顾，西域陷入大国争霸的纷乱状态。中期是指从永平十六年（73年）至顺帝永建七年（132年）的五十余年，是东汉与匈奴反复争夺西域的时期。此一时期，匈奴业已分裂，南匈奴附汉，北匈奴时常胁迫西域诸国攻掠河西，致使河西城门昼闭。东汉被迫反击，与匈奴争夺西域。受消极保守政策的影响，东汉对西域的经略投入的人力、物力远不及西汉，加之经略政策缺少明确的目标而缺乏持续

第五章

东汉时期的西域

性，致使东汉对西域的管辖范围、经略效果远逊于西汉，表现为西域都护时置时罢，西域处于东汉与北匈奴两者的交替统治之下。后期是指顺帝阳嘉元年（132年）至献帝延康元年（220年）的八十多年。期间，在东汉的打击下，北匈奴残部逐步退出对西域的争夺，但日益衰落的东汉王朝对西域的统治也渐趋瓦解。大约在东汉末，西域诸国再次陷入相互兼并的战乱之中。

东汉时期，西域经济文化继续呈现出多元化的特点。就经济而言，农业、畜牧业、手工业、商业等门类并存；从文化来说，又有一些新的因素进入西域，对当地文化产生了重要影响，佛教和佉卢文的传入便是例证。东汉时期，西域经济社会得到进一步发展，人口增加，城镇增多，丝绸之路向西延伸至地中海沿岸。作为丝绸之路交通必经之地的西域，在东西方经济文化交流中发挥了重要的中介作用。

第一节

东汉初期的西域

王莽统治时期，由于执行激进的民族政策引起边疆民族政权的普遍不满，西域诸国也纷纷起而反叛，匈奴趁机重新占领西域。东汉建立以后，重建中央集权的统治，尽快恢复生产以及稳定社会秩序成为统治者首先考虑的问题，因而无暇顾及西域。光武初年，莎车王康率领周围诸国，护卫着原西域都护吏士及家眷千余口，派遣使者至河西，『自陈思慕汉家』，希望联络东汉政府，抗击匈奴。建武五年（29年），河西大将军窦融承制封康为汉莎车建功怀德王、西域大都尉，试图假手莎车统领西域诸国，对抗匈奴。莎车王康死之后，其弟贤继立。东汉政府授予贤西域大将军印绶，对西域采取放任的态度。在东汉政府不愿介入西域事务的情况下，莎车王贤诈称西域大都护，走上了称霸西域的道路。龟兹、于阗、姑墨等国先后被其占领，车师等国不堪压迫倒向匈奴。莎车王贤死后，西域诸国自相攻伐，战乱不休。汉明帝永平八年（65年）以后，北匈奴胁诸国共寇河西郡县，焚毁城邑，杀略甚众，以致城门昼闭，严重威胁到河西地区的安全，为保障边郡的安宁，东汉政府开始了统一西域的行动。

东汉全图

（采自《中国历史地图集》）

班超食邑碑

班超（31～102年），字仲升，东汉平陵（今陕西兴平）人。东汉永平十六年（73年），随军为假司马击匈奴，率36人，出使西域，收于阗、疏勒。章帝时，北匈奴反扑，车师、焉耆军国反叛，超被召还，至于阗受当地人挽留，遂决定留下。先率疏勒、于阗、康居、拘弥兵击龟兹，后又平定莎车、疏勒叛乱。永元三年（91年），龟兹、姑墨、温宿等属汉，班超任西城都护。六年，率龟兹等八国兵攻破焉耆，西域再次统一于东汉。永元七年（95年）汉和帝封班超为定远侯，表彰他为统一西域所做贡献。"班超食邑碑"立于嘉庆十六年（1811年）。高1.15米，宽0.73米，厚0.05米。系青石打凿，正中楷书"汉定远侯班超仲升食邑"，上款"嘉庆辛未九月"，下款"署定远厅同知石珩题"。现藏陕西省镇巴县文化馆。

任尚碑

任尚（？～118年）初为西域戊
己校尉，永元十四年（102年）
接替班超，任西域都护。后被
召还，任征西校尉、中郎将
等。碑高1.4米，宽0.65米，厚
0.37米，现字迹模糊，尚能辨
识出"惟汉永元五年"、"平
任尚"等十四字。应为任尚擒
获并斩首北匈奴单于后所立纪
功碑石。原碑位于巴里坤哈萨克
自治县松树塘，现藏巴里坤哈萨
克自治县文物局。

裴岑纪功碑

东汉永和二年（137年），敦煌太守裴岑率兵出击蒲类海，
杀死呼衍王。此碑为这次胜利击败北匈奴的纪功碑。碑旧
址在新疆巴里坤城西25千米之石人子。清雍正七年（1729
年），大将军岳钟麒移至将军府。雍正十三年撤师，又移
至巴里坤城关帝庙。全碑为一不平整的条石，已断裂，
通高1.42米，宽0.59米。现藏新疆维吾尔自治区博物馆。
碑文："惟汉永和二年八月。敦煌太守云中裴岑将郡兵
三千，诛呼衍王等，斩馘部众，克敌全师，除西域之灾，
蠲四郡之害，边境乂安；振威到此，立海祠以表万世。"

清代重刻裴岑纪功碑

现藏陕西西安碑林博物馆。

焕彩沟汉碑

碑立于哈密市北约45千米焕彩沟沟口，1990年被列为自治区重点文物保护单位。碑东西长3.2米，南北长3米，高2米。该石碑三面刻字，碑西有"焕彩沟"三字，南侧右端刻"惟汉永和五年六月十五日"等字。唐时的姜行本将碑西面文字磨去，重新刻文，清时已模糊不可辨认，又被刻上"焕彩沟"三字。此碑历三代更刻留存至今，具有重大的历史价值。

6
-

疏勒城遗址

位于奇台县半截沟乡麻沟梁村，即耿恭带兵坚守的疏勒城。汉永平十八年（75年），戊己校尉耿恭受到匈奴攻击，坚守该城，将士多战死，因寒冷饥饿死伤者亦众。次年援军到达时，耿恭手下仅有26人。待回到玉门关时，吏士仅存13人。

绳纹筒瓦

奇台县半截沟乡疏勒城遗址出土。
长43厘米，直径14.5厘米。现藏新
疆维吾尔自治区博物馆。

云纹瓦当

奇台县半截沟乡疏勒城遗址出土。
直径14.6厘米，厚2厘米。灰陶质，
饰云纹图案，是流行于汉代的重要
建筑材料。现藏昌吉回族自治州博
物馆。

板瓦

奇台县半截沟乡疏勒城遗址出土。
长44～47厘米，宽35～39厘米。
现藏奇台县博物馆。

第五章
东汉时期的西域

第二节

东汉治理西域的主要措施

在保守的边疆政策影响下，东汉对西域的统一经历了一个曲折的过程，正如文献所载，自建武（25～56年）至于延光（122～125年），西域三绝三通。

与西汉一样，东汉统一西域后采取了一系列治理措施，主要有设官置守、驻兵屯田、册封首领、朝贡纳质、军事征伐等。因东汉西域都护的设置时断时续，都护治所不定。西域都护的副贰称副校尉，协助都护管理各项事务。西域都护属吏中又有西域长史一人、司马二人，以及从事、掾吏等。戊己校尉实为戊校尉与己校尉的合称，是军事力量的统领。永平十六年，东汉在伊吾卢首开屯田，置宜禾都尉领护。除伊吾外，楼兰、车师也是东汉在西域屯田的主要地点。东汉采取因俗而治的策略，保留西域诸国原有的管理体制，授予西域王侯以名号，利用王侯及其以下官吏管理西域诸国各自事务。接受册封的西域诸国有向东汉朝贡和纳质的义务。东汉统一西域的过程实际上也是与北匈奴争夺西域的过程，与北匈奴对西域的争夺致使西域诸国产生分化，两属于两大势力之间，叛服无常，军事征伐成为东汉维护西域地区统治的重要手段。

东汉后期，不再设西域都护，而是以职级稍低的西域长史管理西域事务，西域长史受敦煌郡守节制。

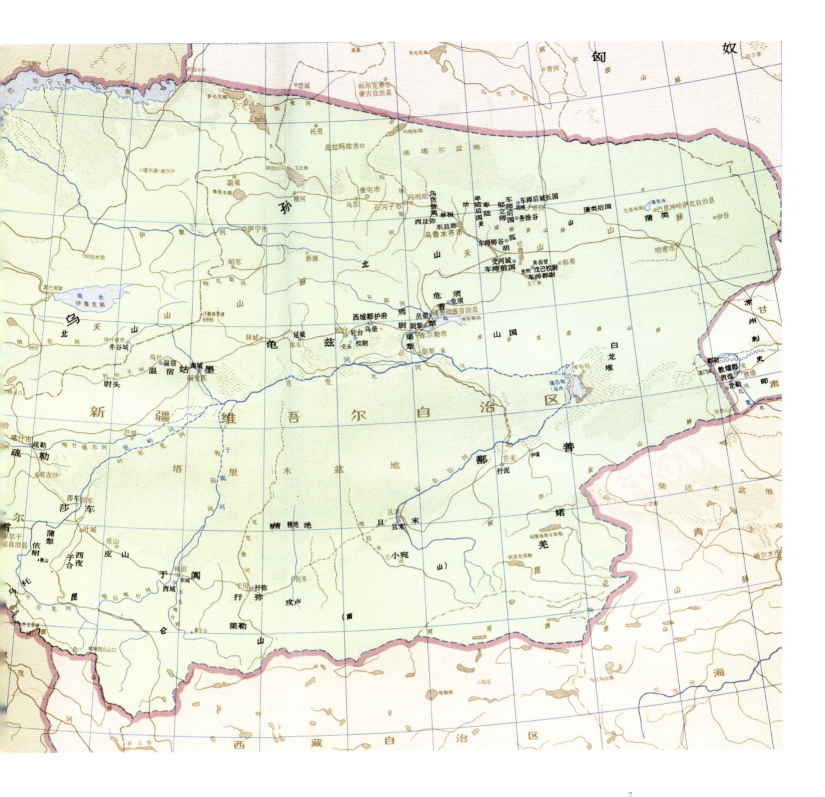

西域长史府图

（采自《中国历史地图集》）

汉颌阳令曹全碑

碑高2.53米，宽1.23米，立于185年。碑文记述了时任西域戊部司马曹全征讨疏勒王和德的事迹。明万历初年，该碑在陕西颌阳县旧城出土。现藏西安碑林博物馆。

漆奁盒及物品

漆奁盒高15厘米，直径15厘米。
木胎。奁内装铜镜等。铜镜置于
虎斑纹锦袋内，圆直纽，系红
色绢带，为四乳镜。直径7.4厘
米，缘厚0.4厘米。现藏于新疆
文物考古研究所。

10
—

柳中城遗址

位于鄯善县鲁克沁镇。延光二年（123年），东汉以班勇为

西域长史，率兵五百，屯田于此。

11
—
司禾府印

民丰县城北约100千米的尼雅河尾闾沙漠地带出土。通高1.6厘米，边长2厘米，炭精刻制，阴刻篆书"司禾府印"四字。此印的发现说明东汉时期在尼雅一带屯田并设有专司屯田的机构。现藏新疆维吾尔自治区博物馆。

12
—
尼雅屯田遗迹

刘平国治关亭诵石刻所在的山口

刘平国治关亭诵石刻

石刻位于阿克苏地区拜城县东150千米博扎克拉格沟口的一块岩石上。阴刻隶体汉字101个。主要记述东汉永寿四年（158年）龟兹左将军刘平国率秦人（汉人）孟伯山、狄虎贲、赵当卑等六人来此凿岩筑亭的事迹。

录文

龟兹左将军刘平国以七月廿六日发家
从秦人孟伯山狄虎贲赵当卑夏姜
石当卑程阿姜等六人共来作列亭从
□谷关八月一日始斫山石作孔至十日
止坚固万岁人民喜长寿亿年宜
子孙永寿四年八月甲戌朔十二日
乙酉直建纪此东乌累关城皆
将军所作也□披□

朝贡、封赐

敦煌悬泉置遗址出土的木简
中载有此方面的内容。

简文

出送龟兹王传车二乘白车四
乘
（I91DXT0405④A：24）
客大月氏、大宛、踈（疏）
勒、于阗、莎车、渠勒、精
绝、扜弥王使者十八人，贵
人□人……
（I0309③：97）
□乌孙小昆弥使者知适等三
人，人一食，食四升。
（V1509②：4）
出粟三石，马十匹，送大昆
弥使者，都吏张掾。阳朔四
年二月戊申，县（悬）泉啬
夫定付遮要厩佐常。
（V1812②：58）

I91DXT0405④A：24　　　I0309③：97　　　V1509②：4　　　V1812②：58

"元和元年"锦囊

1998年尼雅遗址N14西北墓地出土。织锦上织有"元和元年"汉字，为汉章帝年号（84年）。这是目前世界上唯一有文字纪年的织锦。新疆出土的丝织品多为中原王朝封赐之物。现藏民丰县博物馆。

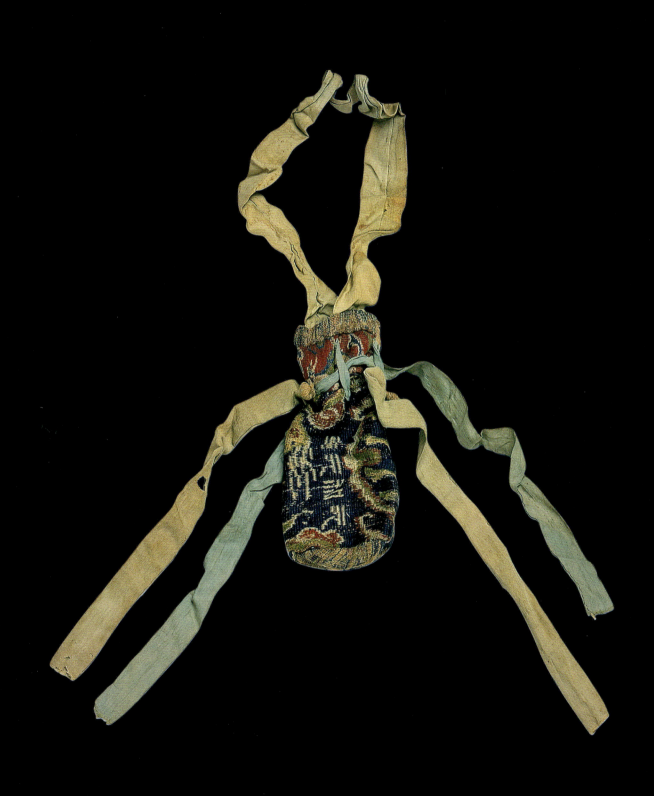

"王侯合婚千秋万岁宜子孙"锦衾

1995年尼雅1号墓地3号墓出土。长168厘米，宽93.5厘米。锦为藏蓝色地，以红、白、绿、黄四色经线显花，图案为变形云纹和茱萸纹循环排列，中间织出小篆"王侯合婚千秋万岁宜子孙"字样。现藏新疆文物考古研究所。

"长乐大明光"锦男裤

民丰县尼雅遗址1号墓地出土。
长118厘米，裤脚宽20厘米。现
藏新疆文物考古研究所。

"登高明望四海富贵寿为国庆"锦

楼兰故城东北出土。残长22.8厘米，宽34.3厘米。图案以卷曲的变形云气纹为骨架，配置龙、虎、天禄等瑞兽，夹织隶书铭文。现藏新疆文物考古研究所。

遣子入侍木简

敦煌悬泉置遗址出土遣子入侍
木简。

简文

1.元始二年二月己亥，少傅左
将军臣丰、右将军臣建，承制
诏御史曰，候旦受送乌……

2.孙归义侯侍子，为驾一乘轺
传，得别驾载从者二人，御
七十六人。大……如……

3.出粟五斗二升 以食安远侯
副卫司马遣假千人尊所将送匈
奴归义拊颎王使十一人質子二
人凡十三人二一食四升东
右乌孙公主女少夫遣质子马一
匹牡（Ⅰ0116：S.14）

1 2 3

遣子入侍木简

敦煌悬泉置遗址出土遣子入侍
木简。

简文

右大将军副使屈偊子，左都
尉副使胡奴殊子，贵人病籍
子，□□□□□□子，姑墨副
使少卿子，贵人子王子，危
须副使顷□出子，左大将使
者妻跗力子，乌垒使者驹多
子……子，侍子贵人屋贝卿
子。（A）子云，容，口偿，足
虎，长生，始成子，乌黑子，
黑犯子，日……日中。（B）
（Ⅴ1410③：57）

车师贵族墓

汉代，特别是西汉统一西域之后，西域社会稳定，为经济的发展提供了良好的发展条件，与中原地区经济交往的加强使西域经济进入到一个快速发展的时期。

汉代西域诸国的经济，以天山为界大致可分为农业为主和畜牧业为主两种最基本的经济形态。天山以南的塔里木盆地周缘绿洲，依赖高山融雪发展起来了灌溉农业，农业以种植五谷、葡萄、瓜果等农作物为主；天山以北则是游牧民族的驰骋之地，人们『随畜逐水草』，以牧养羊、马、牛、驴、骡、骆驼等为生。南农北牧是当时经济的大致格局。但是，文献和考古发现表明，无论是天山以南还是天山以北，农业或者畜牧业都不是单一经济形式。考古学者在天山以北的伊犁发现了农业生产工具——铁犁、铁镰等，而《汉书·西域传》则记载，天山以南的鄯善『地沙卤，少田，寄田仰谷旁国……民随畜逐水草，有驴马，多橐它』。在天山南麓、昆仑山北麓的沟谷地带以及帕米尔高原更是游牧者活动的地域。除了农业、畜牧业以外，西域诸国还有手工业、商业等。手工业门类众多，主要有冶铸业、纺织业、木器业、制陶业。手工业生产的产品主要是各种武器、生产工具及生活用品等。这一时期的手工业以家庭手工业为主，但某些行业，如采矿、冶炼等已经超出了家庭手工业的范畴，形成了独立的手工业部门。两汉时期西域的商品贸易存在着多种形式，有作为自

第六章

汉代西域的经济文化

然经济补充的内部物资互换，有与内地的经济交往，还有与东西方经济交流有关的长途贩运或中转贸易。商业贸易的发展刺激了西域地区经济的发展，西域原先封闭的绿洲城邦相互之间的联系增多了，西域与中原之间的经济关系也更加密切。西汉统一西域，为西域创造了安定的社会局面，有利于西域地区经济社会文化的发展。来自内地的生产工具、生产技术不断输入西域，促进了当地经济的发展，绿洲人口有了较快的增长，丝路沿途城镇也发展起来了；来自西域的牲畜、物产也源源不断地进入到内地，丰富了中原人们的物质生活。

两汉时期的西域是一个多民族共居、多元文化并存的地区。早在史前时期，西域地区的居民就已经存在灵魂观念和祖先崇拜，人死后随葬羊、马、骆驼等是一种普遍的现象。起源于波斯的拜火教在史前时期就已经传播到了西域，并在两汉时期依然存在相当的影响。学界一般认为，东汉后期，起源于印度的佛教传入了西域。两汉时期在西域地区活动的主要有塞人、月氏人、羌人、匈奴人、乌孙人、汉人等，他们使用属于不同语族，乃至不同语系的语言。目前所知，最早在西域使用的文字是汉文。东汉末期，中亚贵霜王朝衰落，伴随着贵霜移民的迁入，源自印度西北的佉卢文开始在于阗、楼兰等地流行。

西域与内地日益密切的经济文化交往，正是《汉书·西域传》所称『西域思汉威德，咸乐内属』的重要原因。汉代，特别是西汉统一西域之后，西域社会稳定，为经济的发展提供了良好的条件，与中原地区经济交往的加强，使西域经济进入到一个快速发展时期。

人口、胜兵统计表

国名	户数	人口	胜兵	户口比	兵户比	兵口比
若羌国	450	1750	500	3.89	1.11	3.5
鄯善国	1570	14100	2912	8.98	1.85	4.84
且末国	230	1610	320	7	1.39	5.03
小宛国	150	1050	200	7	1.33	5.25
精绝国	480	3360	500	7	1.04	6.72
戎卢国	240	1610	300	6.70	1.25	5.37
扜弥国	3340	20040	3540	6	1.06	5.66
渠勒国	310	2170	300	7	0.97	7.23
于阗国	3300	19300	2400	5.85	0.73	8.04
皮山国	500	3500	500	7	1	7
乌秅国	490	2733	740	5.58	1.51	3.69
西夜国	350	4000	1000	11.43	2.86	4
蒲犁国	650	5000	2000	7.69	3.08	2.5
依耐国	125	670	350	5.36	2.8	1.91
无雷国	1000	7000	3000	7	3	2.33
难兜国	5000	31000	8000	6.2	1.6	3.88
大月氏国	100000	400000	100000	4	1	4
康居国	120000	600000	120000	5	1	5
大宛国	60000	300000	60000	5	1	5
桃槐国	700	5000	1000	7.14	1.43	5
休循国	358	1030	480	2.88	1.34	2.15
捐毒国	380	1100	500	2.89	1.32	2.2
莎车国	2339	16373	3049	7	1.30	5.37
疏勒国	1510	18647	2000	12.35	1.32	9.32
尉头国	300	2300	800	7.67	2.67	2.88

国名	户数	人口	胜兵	户口比	兵户比	兵口比
乌孙国	120000	630000	188800	5.25	1.57	3.34
姑墨国	3500	24500	4500	7	1.29	5.44
温宿国	2200	8400	1500	3.8	0.68	5.6
龟兹国	6970	81317	21076	11.67	3.02	3.86
乌垒国	110	1200	300	10.91	2.73	4
渠犁国	130	1480	150	11.38	1.15	9.87
尉犁国	1200	9600	2000	8	1.67	4.8
危须国	700	4900	2000	7	2.88	2.45
焉耆国	4000	32100	6000	8.03	1.5	5.35
乌贪訾离国	41	231	57	5.63	1.39	4.05
卑陆国	227	1387	422	6.11	1.86	3.29
卑陆后国	462	1137	350	2.46	0.75	3.25
郁立师国	190	1445	331	7.61	1.47	4.37
单桓国	27	194	45	7.19	1.67	4.31
蒲类国	325	2032	799	6.25	2.46	2.54
蒲类后国	100	1070	334	10.7	3.34	3.20
西且弥国	332	1926	738	5.80	2.22	2.61
东且弥国	191	1948	572	10.20	2.99	3.41
劫国	99	500	115	5.05	1.16	4.35
狐胡国	55	264	45	4.8	0.82	5.87
山国	450	5000	1000	11.11	2.22	5
车师前国	700	6050	1865	8.64	2.66	3.24
车师后国	595	4774	1890	8.02	3.18	2.53
车师都尉国	40	333	84	8.33	2.1	3.96
车师后城长国	154	960	260	6.23	1.69	3.69

余太山：《两汉魏晋南北朝正史西域传研究》，第316页，中华书局，2003年。

两汉时期，西域地区的农业主要集中在塔里木盆地周缘的绿洲，种植的粮食作物主要有黍、粟、小麦、大麦等。园艺业是两汉时期西域农业经济的特色产业，主要种植葡萄、梨、杏、核桃、苹果等。西域的农业是灌溉农业，水利设施建设是农业发展的命脉。在楼兰土垠遗址区、尼雅遗址、孔雀河下游的古绿洲区，考古人员都发现了古代水利灌溉遗迹。两汉时铁的冶炼和铁制生产工具普遍使用，特别是中原地区先进的农业生产技术传入西域，推动了西域农业经济的发展，还带动了以屯垦点为中心的城镇迅速发展。一些新的城镇名，如焉耆的南河城，车师后国的后部候城、金满城、且屯城，伊吾（今哈密）的屯城，疏勒的桢中城、盘橐城、乌即城、姑墨的石城、龟兹的它乾城等相继发展起来。耕地面积进一步扩大，西域人口有了明显增长。

1
-

黍

黍是中国最早用于耕作的植物之一，也是汉代西域地区广泛种植的重要的粮食作物。在鄯善苏贝希一号墓地、洛浦县山普拉墓地、尼雅1号墓地、且末扎滚鲁克墓地二期墓地等都有发现。图中为尼雅遗址出土和采集的黍。

麦穗

尼雅遗址93A1C墓出土

薏苡籽沙枣核珠项链

1992年出土于洛浦县山普拉92LSIIM6墓葬。项链有薏苡籽10颗，沙枣核22颗。薏米又称苡米，一年生草本作物，生于温暖潮湿的山谷溪沟，我国东南部常见栽培，其果可供食用。山普拉墓地多个墓内均有出土。

4
—

马鞍形石磨

于田县城北230千米的克里雅河下游圆沙古城出土。石磨为砂岩质。

5
–
铁镰

1959年民丰县尼雅遗址出土。
镰长12厘米。现藏新疆维吾尔
自治区博物馆。

6
–
铁犁铧

1976年昭苏县波马2号墓封土
中出土。长20厘米，宽19厘
米。这是新疆至今发现的年代
最早的一件铁犁铧，器形与陕
西西汉晚期古墓中出土的非常
相似。

尼雅葡萄园遗迹

图为遗址区内一葡萄园遗迹。

8
—

核桃

核桃在新疆楼兰故城、尼雅遗址、山普拉墓地等都有发现。图中核桃为下坂地墓葬中出土。

9
—

梨

尼雅遗址墓葬出土。

第六章
汉代西域的经济文化

畜牧业、手工业和商业

畜牧业是两汉时期西域经济的重要部门。天山以北地区是游牧民族生产、生活的主要场所，天山南麓、昆仑山北麓以及帕米尔高原的山谷地区，水草丰美，也是畜牧业发展的理想之地。两汉时期西域的畜牧业以游牧为主，占据伊犁河、楚河流域的乌孙是游牧经济的代表，人们逐水草放牧羊、牛、马等牲畜。『穹庐为室兮游为墙，以肉为食兮酪为浆』是游牧生活的真实写照。

在塔里木盆地周缘地区的绿洲，利用田间地头、戈壁荒滩，人们也发展起了放养型的畜牧业，放养型畜牧业以饲养羊、驼、驴等牲畜为主，是农区经济的重要补充。

文献中关于两汉时期西域地区的手工业、商业的记载极为有限，通过考古发掘，我们获知，当时人们利用周边的矿产、皮毛、木材等，发展起了手工业。两汉时期西域手工业主要门类有冶铸业、纺织业、制革业、木器业、制陶业等。生产的产品主要是各种武器，如刀、箭镞等；生产工具，如镰、斧等；生活用品，如陶罐、木碗、鞋帽、毡毯以及金饰品等。这一时期的手工业以家庭手工业为主，但某些行业，如采矿、冶炼等已经超出了家庭手工业的范畴，形成了独立的手工业部门。

商品交流是西域经济活动的重要内容，地处丝绸之路必经之地的西域，其商品交流存在着多种形式，有与内地的密切经济联系，还有与东西方经济交流有关的长途贩运或中转贸易。从内地输入到西域的物品以丝绸为大宗，另有金银、漆器等。玉石、马匹、骆驼等牲畜及葡萄等正是西域的各种特产，也是中原人们喜爱之物。贸易极大刺激了西域地区经济的发展，西域原先封闭的绿洲城邦，相互之间的经济联系加强了。作为贸易中转站和集散市场的塔里木盆地绿洲，骤然成为东西方贸易的交通孔道。在商业贸易的促进下，丝绸之路南北两道的沿线绿洲，人口有了较快的增长，沿途城镇也发展起来了。

车师贵族墓

交河沟北1号墓地被认为是汉代前后车师贵族墓。墓地位于
吐鲁番市亚尔乡交河故城沟北台地上，墓葬分布密集，面积
约1万平方米。1994年发掘墓葬55座。墓葬地表有圆形石堆
标志，墓室有竖穴土坑和竖穴偏室两类，有尸床、木棺等葬
具。其中有两处以大墓为中心的墓葬群。1号墓地表石堆下
垒土坯矮围墙，围墙内有主墓和殉马坑，围墙外有16座陪葬
墓和24座殉马坑，从中可以看出车师畜牧业状况。

殉马（驼）坑

交河沟北1号台地墓葬普遍存在殉马（驼）的习俗，墓地共发现殉马（驼）坑55座。殉马坑多为圆形或椭圆形，土坑竖穴，坑口直径1米余，深1米以上。坑底置马骨架，或整匹马蜷屈而葬，或肢解后乱葬。殉驼坑中的骆驼则是杀死后放于坑内，坑的形状与殉马坑相近。众多殉马（驼）坑的发现，说明畜牧业在经济中占据重要地位。

三足木盘及羊骨架

洛浦县山普拉墓地出土。木
盘口径31.5厘米，通高14.7厘
米。木盘内盛放几乎是完整的
小羊骨架，有头骨、颈椎骨和
肢骨等。

狮纹地毯

尉犁县营盘15号墓出土。残长312厘米，宽178厘米。主体纹样为一俯卧的雄狮，狮目侧视，面部神态和善，富于装饰性的鬣、足、臀、尾延伸到了边框外，构图生动，带有明显的外来艺术风格。现藏新疆文物考古研究所。

彩色龟甲纹地毯、绣花彩毡

彩色龟甲纹地毯，民丰县尼雅8号墓
出土。长238厘米，宽118厘米。毯面
中央为湖蓝色龟甲纹，绛色地，内填
黄、蓝绿、粉红色花卉图案。现藏新
疆文物考古研究所。

绣花彩毡，民丰县尼雅8号墓出土。
残长10厘米，宽84厘米。白色毛毡上
用棕褐色毛线绣出菱格纹，内填十字
纹，边缘以黑色毛线穗为缀饰，绣法
精湛。毡、毯是牧业社会重要的毛织
品。现藏新疆文物考古研究所。

"长葆子孙"锦局部

民丰县尼雅8号墓出土,
现藏新疆文物考古研究所。

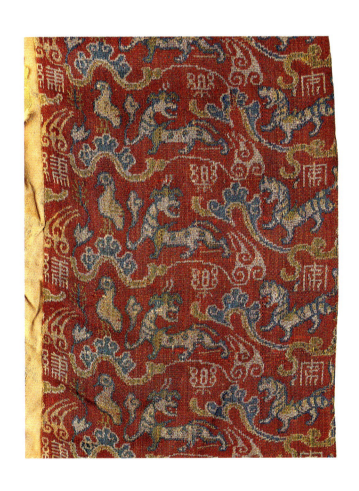

"安乐绣"锦局部

民丰县尼雅8号墓出土,
现藏新疆文物考古研究所。

第六章
汉代西域的经济文化

单耳陶杯

吐鲁番市交河故城沟北1号台地墓出土。口径8.2厘米，底径5.2厘米，最大腹径9.6厘米，高7.76厘米。现藏新疆文物考古研究所。

双系陶罐

民丰县城北100千米尼雅遗址N8采集。口径19.5厘米，腹径51厘米，通高55厘米。现藏新疆文物考古研究所。

双鋬耳罐

吐鲁番市交河故城沟北1号台
地墓出土。口径5.6厘米,底径
6.2厘米,最大腹径10.6厘米,
高13.8厘米。鋬耳半月形,对
称置于两侧,耳长2.6厘米、
宽1厘米,两耳间等距塑长约
3.5~4厘米、厚约0.5厘米的水
滴形附加堆纹。现藏新疆文物
考古研究所。

彩绘陶罐

吐鲁番市交河故城沟北1号台地
墓出土。口径10厘米,底径5.8
厘米,最大腹径11.2厘米,高
17.2厘米。现藏新疆文物考古
研究所。

第六章
汉代西域的经济文化

带流陶罐

温宿县包孜东古墓群41号墓
出土。口径17.3厘米，高13厘
米。外饰黑陶衣。现藏新疆维
吾尔自治区博物馆。

鸭形陶壶

温宿县包孜东古墓群48号墓
出土。高27.5厘米，带流，腹
扁，上塑翅羽，饰黑陶衣。现
藏新疆维吾尔自治区博物馆。

"王"字陶罐

民丰县尼雅8号墓出土。高32.4
厘米，底径26.2厘米。现藏新
疆文物考古研究所。

单耳带流陶壶

洛浦县山普拉墓葬出土。口
径7.5厘米，底径6.4厘米，高
15.6厘米。现藏新疆维吾尔自
治区博物馆。

第六章
汉代西域的经济文化

纺轮（盒）

民丰县尼雅8号墓出土。
现藏新疆维吾尔自治区博物馆。

带杆木纺轮

且丰县扎滚鲁克古墓群出土。
现藏新疆维吾尔自治区博物馆。

"人首马身"缂毛套裤残片

洛浦县山普拉墓地1号墓出土。长116厘米，宽48厘米。织物原为壁挂局部，后被裁减成一条裤子。采用通经断纬织造技术制成。现藏新疆维吾尔自治区博物馆。

鹿纹缂毛

洛浦县山普拉墓地出土。
现藏新疆文物考古研究所。

蜡染蓝白印花棉布

民丰县尼雅1号墓出土。长81厘
米，宽46.5厘米。现藏新疆维
吾尔自治区博物馆。

21
—

动物纹毛裙残片

洛浦县山普拉1号墓出土。长
57.5厘米，宽39厘米。现藏新
疆维吾尔自治区博物馆。

22
—

彩色毛织带

民丰县尼雅遗址出土。长8厘
米，宽2.7厘米。现藏新疆维吾
尔自治区博物馆。

第六章
汉代西域的经济文化

"延年益寿大宜子孙"
锦衬袖残片

民丰县尼雅遗址出土。长41.3
厘米，宽35厘米。现藏新疆维
吾尔自治区博物馆。

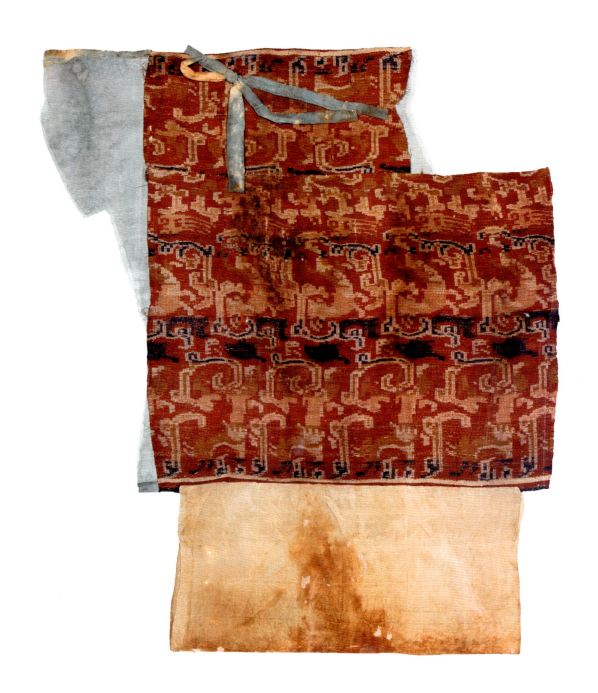

蜡染白色棉布男裤

民丰县尼雅夫妇合葬墓出土，长115厘米。棉布裤的裤腿口缘用草绿色细绢镶边，镶边以绿地动物花草叶纹为主绣图案，运用锁绣法绣出卷草叶、豆荚、金钟花等纹样，表现出汉代织锦绣品的高超技艺。现藏新疆维吾尔自治区博物馆。

树叶纹鞍毯

洛浦县山普拉墓地出土。鞍毯
长76厘米，宽74厘米。现藏新
疆维吾尔自治区博物馆。

荷包

洛浦县山普拉2号墓出土。长10
厘米，宽6厘米。现藏新疆维吾
尔自治区博物馆。

鹿头纹缀织毛绦

洛浦县山普拉2号墓出土。长
21厘米，宽10.5厘米。现藏新
疆维吾尔自治区博物馆。

第六章
汉代西域的经济文化

棉布袍

楼兰故城北墓葬出土，通长177厘
米。现藏新疆文物考古研究所。

茱萸回纹锦覆面

民丰县尼雅3号墓出土。长62
厘米，宽58厘米，三边缝缀红
色绢。覆面是覆盖于死者脸部
的面衣。现藏新疆文物考古研
究所。

钻木取火器

民丰县尼雅遗址4号墓出
土。残长10.5厘米，宽2厘
米，厚1.5厘米。现藏新疆
文物考古研究所。

彩绘木桶

洛浦县山普拉墓地出土。口
径5.5厘米,高8厘米。圆木
雕凿而成,腹部墨绘几何形
纹饰。现藏新疆维吾尔自治
区博物馆。

木纺轮筒

洛浦县山普拉墓地出土。口
径5.2厘米,底径5.5厘米,高
12.8厘米。筒外壁绘黑色平行
连续卷云纹。现藏新疆文物考
古研究所。

第六章
汉代西域的经济文化

旋纹木杯

洛浦县山普拉墓地出土。口径
8.8厘米，底径10.8厘米，腹径
10.6厘米，高8.8厘米。口部的
孔中拴有皮绳。现藏新疆维吾
尔自治区博物馆。

长柄木勺

洛浦县山普拉墓地出土。全长
28.4厘米，勺径14.8厘米，高6
厘米。现藏新疆维吾尔自治区
博物馆。

木杯

洛浦县山普拉墓地出土。口
径6.5厘米，腹径8.2厘米，底
径4.4厘米，高14厘米。现藏
新疆维吾尔自治区博物馆。

四足木案

洛浦县山普拉墓地出土。长
37厘米，宽20厘米，通高
12.5厘米。兽蹄状足，长方
形榫头。现藏新疆维吾尔自
治区博物馆。

木雕桌子

民丰县尼雅遗址采集。高60厘米，长65厘米，宽46厘米。四足雕花小桌或为祭坛。现藏英国伦敦。

雕花木柜门

民丰县尼雅遗址采集。高30厘
米，宽17.5厘米，厚1.5厘米。
现藏和田地区博物馆。

木腰牌

39-1
—

蛇纹木腰牌

且末县扎滚鲁克墓地出土。
通高7.2厘米，宽3.6厘米，
厚1厘米。

39-2
—

木腰牌

且末县扎滚鲁克墓地出土。
通高9.4厘米，宽3.7厘米。

39-3
—

鹿纹圆形木腰牌

且末县扎滚鲁克墓地出土。通
高6.2厘米，直径4.7厘米，厚
0.7厘米。现藏巴州博物馆。

刺猬形木盒

鄯善县洋海夏村西北2.5千米
处采集。长9.5厘米，宽3.5厘
米，高3.2厘米。现藏吐鲁番博
物馆。

双凤木雕构件

洛浦县山普拉墓地出土。高
7.2～8厘米，宽13.1厘米，厚2.4
厘米。现藏和田地区博物馆。

第六章
汉代西域的经济文化

漆杯

尉犁县营盘古墓出土。高10.5厘
米，口径7.8厘米。现藏新疆文物考
古研究所。

43
—

漆奁

尉犁县营盘古墓出土。高6厘
米，口径8.4厘米。木胎，旋
制，出土时内见佉卢文残纸片
等。现藏新疆文物考古研究
所。

漆杯、盖

楼兰故城东北孤台墓地出土。
其中一件漆杯高11.2厘米，口
径11.6厘米；另一件高10.6厘
米，口径11.5厘米。漆杯盖直
径13厘米，高2厘米。现藏新
疆文物考古研究所。

第六章
汉代西域的经济文化

漆篦

洛浦县山普拉墓地5号墓出土。
高9厘米，宽7.4厘米。在木制
的篦子上髹漆。在黑漆地上髹
红、黄、绿色云纹，在另一面
由小连珠组成的方框内分别绘
四个圈珠纹。篦背与篦齿之间
绘三排连珠纹。现藏新疆维吾
尔自治区博物馆。

正 背

石眉笔和眉石

洛浦县山普拉墓地28号墓出土。
现藏新疆维吾尔自治区博物馆。

磨花玻璃杯

且末县扎滚鲁克墓地49号墓出土。口径6.9厘米，底径1.8厘米，高7厘米。腹部有三排椭圆形纹饰。现藏新疆维吾尔自治区博物馆。

玻璃杯

尉犁县营盘古墓9号墓出土。口径10.8厘米，底径3.2厘米，高8.8厘米。模制，腹部饰凹入的圆圈纹，具有波斯玻璃器皿的特点。现藏新疆维吾尔自治区博物馆。

流云纹串珠

洛浦县山普拉墓地45号墓出
土。全长25厘米，有珠12颗。
算珠形珠，高0.2～0.4厘米，
径0.4～0.5厘米。现藏新疆维
吾尔自治区博物馆。

琉璃串珠

洛浦县山普拉墓地34号墓出
土。算珠形珠32颗，黑色，高
0.3～0.5厘米，径0.4～0.9厘
米。现藏新疆维吾尔自治区博
物馆。

玛瑙串珠

温宿县包孜东墓地出土。共19
颗，有黄、深红、浅红、灰、
绿等色，其中黄色玛瑙珠是将
玛瑙珠腐蚀成纹后，再填以白
色原料制成，工艺较复杂。现
藏新疆维吾尔自治区博物馆。

珊瑚串珠

洛浦县山普拉墓地1号墓出土。
共69颗，其中珊瑚3颗，柱状，
2颗乳白色，1颗白色。珠高
0.3～0.6厘米，径0.3～0.5厘
米。现藏新疆维吾尔自治区博
物馆。

第六章
汉代西域的经济文化

花形金饰件

鄯善县洋海墓地出土。最长径6.5厘米，重4.6克。现藏吐鲁番博物馆。

牛头金箔

吐鲁番市交河故城沟西墓地出土。长4厘米，宽3.3厘米，重1.6克。出土于尸体踝骨旁，可能为鞋靴的带扣。一端呈圆形，另一端为方形，并有可穿带的空隙，边缘处有小孔。金箔锤镍出浅浮雕纹样，为低首而卧、头向外侧、耳竖起的两匹马，身上立一对带钩状喙的禽，可能是传说中守护北方黄金道的格里芬形象。现藏新疆维吾尔自治区博物馆。

虎头纹金戒指

吐鲁番市交河故城沟西墓地出土。戒面直径2.4厘米，重3.26克。戒面呈椭圆形，锤镍出浅浮雕式的虎头图案，戒环扁细。现藏新疆维吾尔自治区博物馆。

葡萄坠金耳环

特克斯县一牧场墓地出土。
耳环直径1.3厘米。现藏新
疆文物考古研究所。

耳环

尉犁县营盘古墓出土，
现藏新疆文物考古研究所。

金帽饰

尉犁县营盘古墓出土，
现藏新疆文物考古研究所。

第六章
汉代西域的经济文化

榆荚半两、小泉直一、货泉

均为楼兰故城出土。榆荚半两直径0.8厘米，方孔边长0.3厘米；小泉直一直径1.4厘米，方孔边长0.45厘米；小泉直一直径1.4厘米，方孔边长0.45厘米；货泉直径1.9厘米，方孔边长0.8厘米。现藏新疆文物考古研究所。

榆荚半两

小泉直一

小泉直一

货泉

五铢钱

吐鲁番市交河故城沟西墓地出
土。直径2.45～2.5厘米，方
孔边长1厘米，重2.99～3.48
克。"五铢"二字"五"字曲
笔，"铢"字之"金"字头呈
三角形。现藏新疆文物考古研
究所。

五铢钱范

库车县龟兹古城出土。长7.7厘
米，宽4.4厘米。现藏新疆维吾
尔自治区博物馆。

受自然条件的制约，两汉时期，以天山为界大致形成了南农北牧的基本经济格局，不同的经济形态造就了农业和畜牧业两种不同的文化景观。同时，两汉时期的西域又是一个多民族聚居的地区，汉、塞、乌孙、匈奴、羌等不同民族的文化异彩纷呈。因此，多元文化并存是两汉西域文化最重要的特点。

两汉时期是东西文化交往的重要时期。丝绸之路的畅通大大便利了内地与南亚、西亚乃至地中海沿岸的文化交流。占据东西方交流要地的西域，在文化交流中发挥了重要的媒介作用，同时为本地文化烙上了深深的印记。来自西方的物种、商品不仅丰富了中原地区人们的生活，也丰富了人们对西方世界的认识。起源于印度的佛教在东汉时期传入西域，进而东传中原。经过数百年的发展与融合，佛教成为我国传统文化不可分割的部分，对中国文化产生了极其深远的影响。伴随着佛教传入，来自西方的语言文字、文化艺术、思想观念等都对西域产生了重要的影响。

1

汉文简牍

尼雅遗址N14出土，斯坦因发掘品。现藏大英图书馆。

简文

"且末夫人" "君华谨以琅玕|致问" "小大（太）子九健持" "休乌宋耶谨以琅玕|致问" "大王" "臣承德叩头，谨以玫瑰|再拜致问" "王" "王母谨以琅玕|致问"

《仓颉篇》木简

发现于民丰县尼雅遗址N14。简长15.4厘米，宽1.08厘米，厚0.3厘米，汉隶墨书"溪谷阪险丘陵故旧长缓肆延涣"十三字。《仓颉篇》是秦汉时期重要的小学课本。木简的发现，说明当地曾进行过小学教育。现藏新疆文物考古研究所。

佉卢文井栏残石

1924年采集于河南洛阳，
现藏中国国家博物馆。

汉佉二体钱

和田地区阿克斯皮尔古城遗址
采集。左：直径2厘米，右：直
径1.8厘米。一面铸汉文"重廿
珠铜钱"，另一面为佉卢文，
中央饰马或骆驼，因此又被称
为"和阗马钱"。现藏和田博
物馆。

佉卢文"童格罗伽" 王纪年木简

1991年民丰县尼雅遗址N37
采集。长14.9厘米，宽6.2
厘米。为一矩形简牍的底
牍，是写于鄯善王童格罗
伽（目前已知最早的鄯善
王名）在位第36年（约176
年）有关精绝州毗陀镇土地
买卖的契约文书。现藏新疆
文物考古研究所。

祆教铜盘

新源县那拉提出土，承人羊高足铜圆盘，年代为公元前5～前3世纪。现藏伊犁哈萨克自治州博物馆。

骨雕鹿首

吐鲁番市交河沟北28号墓地出土。通长约11厘米。用兽骨浮雕鹿的面部和五官，透雕卷曲的鹿角，通体饰几何纹。下颌处钻圆形系孔。现藏吐鲁番博物馆。

『丝绸之路』一词是1877年德国地理学家李希霍芬在其《中国》一书中首先提出的，指中国与中亚、印度的贸易交通路线。1910年，德国史家赫尔曼在著作中沿用了这一概念，并扩展其内涵，用其指称中国与中亚、印度、罗马之间的文化交流。现在学术界一般认为，它指古代中国经过印度、中亚、西亚连接北非和欧洲的经济文化交流之路。

汉代以前，东西方之间的经济文化交流就已经存在，张骞出使西域是丝绸之路正式开辟的标志。从此以后，东西方之间的经济文化交流进入到一个新的阶段。西汉时，出河西走廊经过塔里木盆地南北两缘，到达中亚、印度的路线被称为南道和北道，是丝绸之路的主要路线。及至东

葱 岭

第七章

丝绸之路与经济文化交流

汉班超派遣甘英出使大秦，丝绸之路向西延伸至地中海沿岸。丝绸之路将两汉中国与西方大国联系起来，占据丝绸之路要冲的新疆，在其中发挥了中转和媒介的重要作用。

汉代来自中原地区的丝绸、漆器等产品，不断输入印度、中亚、西亚、欧洲，产自西方的牲畜、皮毛、宝石、玉石、香药、玻璃等物产以及科技、乐舞艺术、杂技等通过丝绸之路传入中原。东西方之间的经济文化交流给双方的物质生活和精神生活都带来了一定的影响。尤其是东汉时期，产生于印度的佛教向东初传至内地，在之后的时间里，佛教被中原统治者和百姓普遍接受，对中国传统文化的发展产生了深远的影响。

1
—

丝绸之路示意图

（《丝绸之路——大西北遗珍》，文物出版社，2014年）

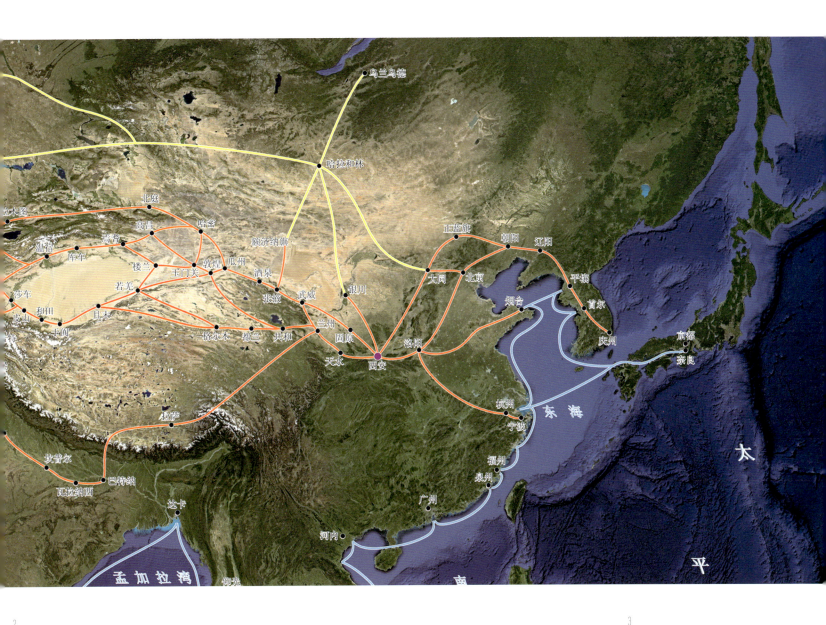

弩机部件

现藏巴基斯坦塔克西拉博物馆。

铜弩机

若羌县征集。长18厘米，宽12厘米。铜弩机产自中原，是汉朝军队的装备，在新疆发现这种武器可能与汉王朝统一西域的历史过程有关。现藏新疆维吾尔自治区博物馆。

"康居王使者册"木简

1990～1992年甘肃敦煌悬泉置遗址出土。此简册共七枚，两道编，保存完好，先书后编。简长23.5厘米，宽1～1.7厘米。记述西汉永光五年（前39年）康居王使者和苏薤使者及贵人来汉朝朝贡之事，对康居国与西汉的关系研究有重要的史料价值。现藏甘肃省文物考古研究所。

康居王使者杨伯刀、副扁阗、苏䠱王使者、姑墨副沙囷即贵人为匿等皆叩头自言，前数为王奉献橐佗入敦煌（简877）关县次购食至酒泉昆归官，太守与杨伯刀等杂平平直肥瘦。今杨伯刀等复为王奉献橐佗入关，行直以次（简878）食至酒泉，酒泉太守独与吏直畜，杨伯刀等不得见所献橐佗。姑墨为王献白牡橐佗一匹，以为黄，及杨伯刀（简879）等献佗皆肥，以为瘦，不如实，冤。（简880）永光五年六月癸酉朔癸酉，使主客大夫谓侍郎，当移敦煌太守，书到烟问言状。事当奏问，毋留，如律令。（简881）七月庚申，敦煌太守食用谷数，会月廿五日，如律令。／掾登、属建、书佐政光。（简882）七月壬戌，敦谷守长合宗，守丞、敦煌左慰置，写移书到，具写传马止不食谷，诏书报会月廿三日，如律令。／掾宗、嗇夫辅。（简883）（II026②：877～883）

赫拉狄斯银币

直径1厘米。模压打制，正面为
王像；背面为希腊神像，周缘
为佉卢文。从形制与铭文看，
属于贵霜早期钱币。现藏新疆
维吾尔自治区博物馆。

丘就却铜币

直径2厘米。模压打制，正面
为王像，周缘为希腊文；背面
为希腊神像，周缘为佉卢文。
丘就却为赫拉狄斯之后的贵霜
统治者，在位期间铸造了自己
的货币。现藏新疆维吾尔自治
区博物馆。

贵霜钱币

直径2.5～2.7厘米。
现藏陕西历史博物馆。

安息铅饼

甘肃灵台县康家沟窖藏出土，
同批共出铅币274枚。直径5.5
厘米。正面沿边缘列一圈凸起
的铭文，背面为涡形纹。据考
证，这些铅币为安息晚期铭
文钱币。现藏甘肃灵台县文
化馆。

乳钉纹铜镜

俄罗斯阿尔泰共和国亚洛曼2
号墓地出土。直径9.6～9.9厘
米，重129克，桥纽。乳钉纹
盛行于两汉时期。现藏俄罗斯
阿尔泰共和国国立大学阿尔泰
考古学与民族学博物馆。

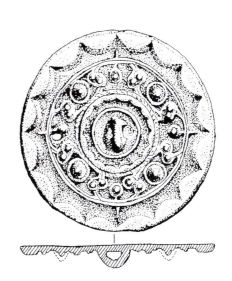

连弧纹铸铭铜镜

1978年阿富汗席巴尔甘（Sibrkand）贵霜早期3号墓出土。镜上铭文为"君忘忘而失志兮，忧使心舆者，舆不可尽兮，心污结而独愁，明知非，不可久处（兮），志所欢，不能已"。

铜镜残片

俄罗斯阿尔泰共和国佩尔沃迈县菲尔索沃墓地出土。铜镜残存部分为4.95厘米×3.68厘米，重量大约为14克。边缘凸棱高度为0.38厘米。铜镜背面图案为公元前4世纪末期至公元前3世纪中国铜镜的典型花纹。现藏俄罗斯阿尔泰共和国国立大学阿尔泰考古学与民族学博物馆。

裂瓣纹银盘

江苏盱眙大云山江都王墓出
土。口沿径38厘米，底径22.4
厘米，高6.4厘米。以银锤镂而
成，一般认为此类银器为古代
伊朗高原的艺术品。现藏南京
博物院。

银盒

山东临淄辛店西汉齐王刘襄墓出土。

凸瓣纹银盒

广州南越王墓出土。盒身和盒
盖上锤鍱出凸出的辐射状花瓣
纹。凸瓣纹装饰起源于古代波
斯地区，可能通过草原游牧民
族传入。

嵌宝石黄金饰品

哈萨克斯坦阿拉木图卡尔加
里出土。饰品带有巴克特
里亚风格，骆驼上镶嵌绿松
石。现藏哈萨克斯坦国家博
物馆。

骑士金牌饰

哈萨克斯坦塔迪库尔干古墓冢
出土，现藏阿拉木图考古学博
物馆。

哈萨克斯坦阿拉木图卡尔加里
出土。金冠饰镶嵌绿松石、红
玉髓、珊瑚。现藏哈萨克斯坦
国家博物馆。

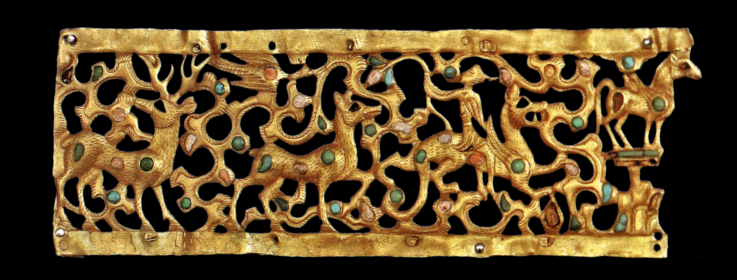

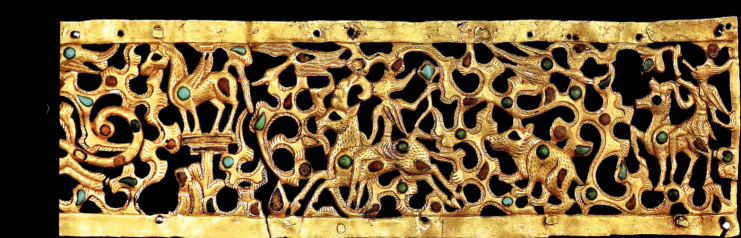

玉佩

民丰县尼雅遗址N14出土,
现藏新疆文物考古研究所。

玉龙

江苏盱眙东阳4号墓出土。长
4.7厘米,宽2.8厘米。用和田
羊脂白玉雕琢而成,晶莹润
泽。现藏南京博物院。

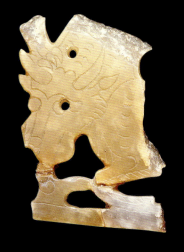

贝壳、料珠项链

洛浦县山普拉1号墓地出土。
贝长1.5~1.7厘米,石料珠长
0.7~1.2厘米。海贝是海洋生
物的遗存,出现在远离海洋的
汉代和田地区,应是当时比较
珍贵的装饰品,表明距今2000
年左右,西域与我国沿海地区
以及西亚沿海地区有着一定的
经济文化联系。现藏新疆维吾
尔自治区博物馆。

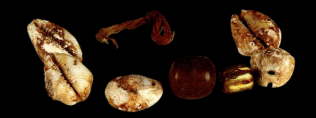

透雕神仙故事玉屏座

河北定州北陵头村刘畅墓出
土。高16.9厘米，长15.6厘
米，宽6.5厘米。以新疆和
田黄玉雕琢而成。现藏定州
博物馆。

23
—
"五星出东方利中国"锦护臂

尼雅遗址95MN1M8墓出土。长18.5
厘米，宽12.5厘米。织锦织造以蓝色
为地，五色强线显花。在灵动的庆
云、芝草、羽人等图案布局中，依次
织出凤凰、鸾鸟、麒麟、白虎纹样和
五星图形纹样，同时织出"五星出东
方利中国"小篆文字。现藏新疆文物
考古研究所。

毛布扇

洛浦县山普拉1号墓地126号墓出土。杆长33厘米，扇面长17.6厘米，宽14厘米。原白色毛布面，毛毡里，红色平纹毛布锦边。现藏新疆维吾尔自治区博物馆。

"延年益寿大宜子孙"
锦鸡鸣枕

民丰县尼雅1号墓出土。长50厘米，宽13.5厘米，高9厘米。现藏新疆维吾尔自治区博物馆。

绢枕

洛浦县山普拉1号墓地50号
墓出土。长34厘米，宽28
厘米。现藏新疆维吾尔自治
区博物馆。

长翼裸体小童子羊毛织品

红地对人兽树纹罽局部

1995年尉犁营盘遗址墓地出
土。此系该墓男主人外袍面
料，为双层两面纹毛织物。整
体纹样体现出古代多种文化互
相融合的艺术特征。现藏新疆
文物考古研究所。

蜡染蓝白印花棉布

1959年尼雅1号墓出土。蓝色
地，白色显花。左下方框内为
袒胸露怀的半身女性，右侧为
鱼鸟纹图案。现藏新疆维吾尔
自治区博物馆。

有翼天使像

若羌县米兰遗址壁画中这些肩生翼翅的人物形象，是古希腊、罗马文化在东渐过程中与西亚、中亚文化因素相结合的产物。

羽人银像

伊朗东部出土，年代为公元
前2000年初。现藏日本滋
贺县MIHO博物馆。

西安出土。现藏陕西历史博
物馆。

32
—

铜羽人

西安出土。现藏陕西历史博
物馆。

第七章
丝绸之路与经济文化交流

专题研究

新疆历史上的石器时代

于志勇

新疆地处亚欧大陆中部，幅员辽阔，史前就是人类东西、南北迁徙和文化交流的区段。这里生态环境多样，许多地方在更新世的大多时段适合古人类生存，一些地区存在第四纪地层堆积，并发现有石器时代先民曾经作为临时居地的洞穴和岩棚。在南疆的绿洲地带、山前地带以及北疆地区的河流台地上，先后发现了不少石器时代文化遗存。

一 旧石器时代考古文化遗存

旧石器时代遗址或地点的调查，长期以来一直是新疆考古的重点和难点。1983年，在塔什库尔干塔吉克自治县塔什库尔干河流右岸的吉日尕勒发现了一处古文化遗存，在原生堆积中发现了人工用火的遗迹，还发现了一件打制石器和若干石片。初步研究认为，具有旧石器的特征[1]。遗存地层年代为晚更新世，距今至少1万年。1987年，在和田市哈烟达克以南玉龙喀什河右岸，采集到一件打制砍砸器，在洛浦县等地采集到打制石核和石片，时代属晚更新世。采集的打制斧状砍斫器，具有旧石器特征[2]。

1993～1995年，文物考古工作者在交河故城沟西台地采集到大批打制石器[3]，其中属于旧石器晚期的打制石器有580件。在以石叶—端刮器为代表的文化遗存中，石器多使用自由锤击法，有柱状、锥状、圆盘状石核，石器有砍砸器、雕刻器、端刮器、锯齿状器、边刮器、端边刃刮削器，年代相当于旧石器时代晚期。在这里以细石核为代表的文化遗存中，石器使用间接打击法打片，有锥状细石核、柱状细石核、半锥—薄板状细石核、楔形石核等，为旧石器遗存。考古学家张森水教授认为，交河沟西石器地点，无论在石制品的风格还是时代上，都与宁夏境内的水洞沟旧石器时代晚期遗址大致相当。

2004年，中国科学院古脊椎动物与古人类研究所、新疆文物考古研究所等单位在塔城、阿勒泰、吐鲁番盆地等多处地点发现旧石器遗存。在和布克赛尔蒙古自治县和什托洛盖镇骆驼石地点，在约30平方千米的范围内，发现大量打制石器，石制品散布于地表，原料为单一的黑色页岩。主要类型有石核、石片和经过加工的石器。石器以大中型居多，有砍砸器、刮削器、薄刃斧和手镐等，多数单向加工。其中有勒瓦娄哇风格的石片和长而规整的石叶。初步研究表明，石器群具有旧石器时代中、晚期制作加工技术鲜明的特征[4]，骆驼石这处地点极有可能为一处罕见的超大规模的旧石器制造场。骆驼石地点发现的旧石器，与毗邻的俄罗斯阿尔泰地区发现的若干旧石器时代中晚期遗存有较大的一致性，与哈萨克斯坦、吉尔吉斯斯坦、塔吉克斯坦、乌兹别克斯坦等地区已发现的较多旧石器时代文化遗址应当存在较为密切的文化关系。骆驼石地点石器的类型、技术特征和器物组合等为证明新疆地区存在旧石器时代遗存，提供了确凿证据。

以交河故城沟西台地、骆驼石旧石器地点为代表的新疆旧石器时代文化遗存，年代早者可能距今5万年左右，晚则距今3万～2万年或更晚，石器显见的勒瓦娄哇技术特点的石核和石叶，对"探讨早期人类在新疆的生存、演变、迁徙以及人类技术的发展，以及东西方文化交流都有重要意义"[5]。

在吐鲁番二堡乡和艾丁湖的烽火台附近也发现多处旧石器地点，其中烽火台遗址是一处有确切地层依据的重要遗址，石质品埋藏于地表以下的细沙和粉沙层中，石器类型以石核、石片、刮削器为主，以小型居多，初步判断其时代属于旧石器时代晚期至新石器时代早期。

在北疆阿尔泰山地区一些低山地带的山间盆地及山前坡地上，考古工作者发现了不少岩棚画，这些岩棚绘画位于裸露的花岗岩山体自然形成的岩棚内，居所空间有大有小，小的如壁龛，曾是古代居民的遮蔽所。主要地点有富蕴县唐巴勒、哈巴河县多尕特、布尔津县桑木尔生布拉克、阿勒泰市敦德布拉克、阿勒泰市阿克塔斯和巴尔也恩巴斯陶等。岩棚画的内容丰富，有舞蹈、狩猎、滑雪、手印以及反映生殖崇拜的图案。调查和初步研究显示，岩棚画的年代有早有晚，有学者认为富蕴县唐巴勒塔斯、哈巴河县多尕特岩棚画是旧石器时代晚期的文化遗存，年代距今1.5万年。阿勒泰市敦德布拉克岩棚滑雪绘画是目前世界上仅见的滑雪内容考古遗存，年代距今2万～1万年[6]。

二 新石器时代考古文化遗存

新石器时代是人类历史上具有划时代意义的一个重要时代，主要特征是开始农业和畜牧业生产，出现磨制石器、陶器和纺织。从世界范围来看，这一时代的绝对年代为公元前8000年～公元前2000年。新疆地区新石器时代考古发现遍布天山南北，发现了数量较多、类型丰富的打制或琢制细小石器，其中有大量细石器。有学者将这批遗存的年代界定为介于旧石器时代和新石器时代之间，年代最早可到距今1万年前后。这类以细石器为主要特征的石器遗存分布较广，包括疏附县乌帕尔[7]、哈密市七角井[8]、乌鲁木齐市柴窝堡[9]、吐鲁番市阿斯塔那[10]、木垒哈萨克自治县伊尔卡巴克[11]、辛格尔[12]、若羌县罗布泊楼兰地区、阿尔金山野牛泉[13]、克拉玛依[14]、哈巴河县齐德哈尔、齐德哈仁[15]、150团场[16]、且末县38团[17]等，其中较为重要的有乌帕尔、柴窝堡、七角井等地点。迄今为止，新疆境内可大致确定的新石器时代文化遗存分布情况、器物特点如下。

西南部地区　　以于田县克里雅河下游地区、疏附县乌帕尔遗址群为代表。乌帕尔细石器地点是目前新疆发现的分布面积最大、石器散布最密集、保存最好的细石器地点，在近10平方千米的范围内，地表上广布集中成堆的制作石器的石料和工具、石片、石叶、石核等。石料多为硅质岩，也发现有玉石、玛瑙、水晶、砂岩等，采集的石器有细石核、石叶、刮削器、石镞、石片、石杵、石刀、预制石核、石砧、砍砸器、石料等。经初步分析，石器的年代可能为新石器时代。

东部地区　　以哈密市七角井细石器遗存、木垒县四道沟类型遗存、乌鲁木齐市柴窝堡类型遗存为代表。七角井地点经过多次考古调查，先后采集石器千余件，石器分为石片石器、细石器和石核石器。细石器主要是石核和石叶，类型丰富，形态典型，石核有船底形、圆锥形、圆柱形等，石叶多为长条形的石刃片，有使用交互打击法制成的尖状器、雕刻器、箭头等，石片石器数量最多，类型有各种刮削器、尖状器、切割器、敲砸器等，石核石器主要是砍砸器和石斧等。

柴窝堡石器地点发现的细石器达600余件，有石核（船底形、楔形、圆锥形等）、石叶、石片、刮削器、雕刻器、石镞等。在同地域还采集到少量打制的粗大石器，有刮削器、尖状器和矩形砍砸器等，年代距今约10000～7000年。

西北部地区　　以塔城、阿勒泰地区额尔齐斯河流域的若干细石器地点为代表。在哈巴河县齐德哈尔2号地点发现的石器，包含大量的细石叶和端刃刮削器，采集到细石叶225件，细石核20余件，刮削器51件，还有其他类型的成型器物；在齐德哈仁地点，采集到细石叶、刮削器、砾石石器10余件，还采集到零星陶片。在额尔齐斯河的沙尔考克迪采集到不少细石核、细石叶、刮削器、尖状器等，这里石制品的组合以细石叶和端刃刮削器为特点，年代距今1万年前后。

细石器是石器制作加工技术成熟的标志和产物，是古代采集和狩猎经济必需的重要工具。考古发现和研究表明，细石器秉承实用、便利的器用属性，制作工艺技术传承延续时间较久，且最为广泛使用，对于研究人类早期狩猎、游牧社会经济、生技方式价值重大。新疆境内细石器基本上是地表采集，加之细石器使用时间长，虽已有不少学者曾就新疆细石器遗存进行过研讨[18]，但相关年代学研究尚待具体和深化。

有专家指出，新疆地区真正像样的、准确的新石器时代文化，应该是指经过一定规模科学发掘的遗址或墓葬。其经济形态主要是农业或畜牧业，生产工具主要是打制和磨制石器（包括细石器），绝对没有金属器；生活用具主要是陶器（包括彩陶），其绝对年代经过科学测定是在公元前2000年以前。而目前在新疆考古发现和研究中所谓有可能属于新石器时代文化的遗址，基本是根据采集遗物推测出有可能是新石器时代，但不能完全确定。如吐鲁番市阿斯塔那遗址、辛格尔遗址、罗布泊周围一带的遗址、疏附县乌帕尔遗址、乌鲁木齐市柴窝堡遗址等均发现大量的打制细石器和石片石器，同时还有磨制石器和陶器，但是由于都是地面采集，缺乏地层根据，更无科学测定的年代学数据，所以并不排除它们也有可能早于新石器时代或晚于新石器时代。

注 释

1 新疆维吾尔自治区博物馆等联合考察队：《塔什库尔干县吉日尕勒旧石器时代遗址调查》，《新疆文物》1985年第1期。

2 中国科学院古脊椎动物与古人类研究所等：《塔里木盆地南缘新发现的石器》，《人类学学报》第7卷第4期，1988年。

3 伊弟利斯·阿不都热苏勒、张川、邢开鼎：《吐鲁番盆地交河沟西台地旧石器地点》，西北大学文博学院《文物考古研究》，三秦出版社，1996年。

4 高星等：《新疆旧石器地点》，《中国考古学年鉴（2005）》，文物出版社，2006年。

5 高星等：《新疆旧石器地点》，《中国考古学年鉴（2005）》，文物出版社，2006年。

6 王博、郑颉：《阿尔泰山敦德布拉克的旧石器时代晚期岩棚画》。

7 新疆维吾尔自治区博物馆：《乌帕尔细石器遗址调查报告》，《新疆文物》1987年第3期；《中国考古学年鉴（2004）》，文物出版社，2005年。

8 王永焱：《西北史前文化遗址概况》，《文物参考资料》第二卷第10期；史树青：《新疆文物调查随笔》，《文物》1960年第6期。

9 新疆文物考古研究所：《柴窝堡湖畔细石器遗存调查报告》，《考古与文物》1989年第2期。

10 吴震：《新疆东部的几处新石器时代遗址》，《考古》1964年第7期。

11 吴震：《新疆东部的几处新石器时代遗址》，《考古》1964年第7期；新疆文物考古研究所：《木垒县伊尔卡巴克细石器遗存调查与探讨》，《新疆文物》1995年第1期。

12 黄文弼：《罗布淖尔考古记》；黄文弼：《塔里木盆地考古记》，科学出版社，1958年。

13 塔克拉玛干沙漠综合考察队考古组：《阿尔金山细石器》，《新疆文物》1990年第4期。

14 新疆文物考古研究所、克拉玛依市文化局：《新疆克拉玛依市细石器遗存》，《新疆文物》1996年第2期。

15 伊弟利斯·阿不都热苏勒、张川：《额尔齐斯河畔的石器遗存及其类型研究》，新疆文物考古研究所、新疆维吾尔自治区博物馆编：《新疆文物考古新收获（续）1990～1996》，第91～101页，新疆人民出版社，1997年。

16 资料存新疆文物考古研究所。

17 2013年5月最新考古发掘成果，资料存新疆文物考古研究所。

18 伊弟利斯：《新疆地区细石器遗存》，《新疆文物》1993年第4期；于志勇：《新疆地区细石器研究的回顾与思考》，《新疆文物》1996年第4期；张川：《1990～1995年新疆境内的旧石器调查工作与收获》，新疆文物考古研究所、新疆维吾尔自治区博物馆编《新疆文物考古新收获（续）1990～1996》，第102～109页，新疆人民出版社，1997年；张川：《论新疆史前考古文化的发展阶段》，《西域研究》1997年第3期；肖小勇：《关于新疆史前研究的讨论》，《西域研究》2004年第2期。

新疆历史上的青铜时代

于志勇

青铜时代是人类历史发展中的一个重要时代。其主要特征是制造和使用青铜器。青铜器的冶炼和铸造技术的发明和广泛采用，是人类认识世界和能动改造世界的质的进步。在世界很多地区，青铜时代与人类文明社会相联系，出现了文明社会的几大要素，即国家、城市、文字和青铜器。青铜时代的绝对年代，约在公元前3000年～公元前1000年。

经过60多年来考古工作者对史前考古文化遗存的探索与发现，新疆地区青铜时代考古文化区系和类型初步得以确立。研究显示，约在公元前2000年～公元前1000年，新疆各地先后进入青铜时代。新疆经过科学调查和发掘的青铜时代考古文化遗存，广布于南北疆的主要绿洲、草原、河谷台地，从如下的区域划分中我们可以了解这一时期新疆的社会发展状况。

一　塔里木盆地及周边地区的青铜文化

这一区域的青铜时代考古文化遗存主要分布于巴音郭楞蒙古自治州孔雀河和塔里木河下游的罗布泊地区、和田地区克里雅河和尼雅河流域、巴音郭楞蒙古自治州和静—焉耆盆地开都河流域、阿克苏—库车地区、且末县车尔臣河流域、塔什库尔干塔吉克自治县的叶尔羌河上游地区。

1. 罗布泊地区的青铜时代考古文化遗存　　以尉犁县古墓沟墓地、铁板河墓地及若羌县小河墓地等为代表，主要分布在塔里木盆地东缘孔雀河下游、塔里木河下游三角洲地区，目前尚未发现与墓葬有关的聚落遗址。1934年中瑞西北科学考察团F. 贝格曼首次对小河墓地进行了调查和试掘[1]。1979年，新疆社会科学院考古所（今新疆文物考古研究所）对古墓沟墓地[2]42座墓葬做了发掘，多数墓葬地表仅见两根立木，墓穴及葬具结构简单，多单人葬，仰身直肢，缠裹毛织物。其中6座墓葬地面见七圈规整的环列木桩，向外还有呈放射状展开的列木阵。墓穴在正中，矩形木棺（已朽），葬者头戴尖顶毡帽，足穿皮靴，胸前置装有麻黄枝的小草篓，中有小麦粒。随葬品不见陶器，多木器和毛织物，还出土有细石镞、玉珠、小铜卷、骨锥、木雕和石质人像等。墓葬年代为公元前1800年左右。小河墓地发掘墓葬167座[3]，分层密集埋葬，木棺上普遍覆盖牛皮，棺后竖红柳棍或细的胡杨木棍。棺前立木因死者性别不同而有区别，男性棺前立木似桨，女性棺前立木基本呈柱体。多数墓葬在墓室最前端再立一根圆木立柱，露出的部分涂红，有些顶端变细，悬挂牛头。木柱根部多放置一把草束，中夹粗芦苇秆和羊腿骨，旁放草篓。死者仰身直肢，头戴插鸟羽的毡帽，全身包覆毛织物，脚穿皮鞋；随葬器物有木器、骨角器、石器、木雕人像、石雕人像、草编器、铜器、草编织物等。小河墓地与孔雀河古墓沟墓地的考古文化面貌相同，年代在公元前2000～公元前1500年。

2．**和田地区克里雅河、尼雅河流域青铜文化**　　两流域经过重点调查、发掘的遗址，主要有民丰县尼雅遗址以北地区遗存[4]、于田县克里雅河下游遗存[5]、克里雅河上游的流水墓地[6]等。尼雅遗址以北发现的青铜时代遗存有房址一处，采集到石器、铜刀、陶器、骨珠、石珠等，年代约为公元前1000年前后。在克里雅河下游西北尾闾地区、圆沙古城以北多处地点，发现了早期房屋建筑遗存，采集到石镰、石磨盘、陶罐、带流罐、刻纹陶杯、钵、料珠、铜刀等，年代约为公元前1000年～公元前800年左右。流水墓地发掘墓葬52座[7]，出土有双耳罐、深腹罐、单耳罐、四系罐、钵、杯、盆等，纹饰主要是刻划、压印的三角纹、弦纹、菱纹、网纹等；铜器有刀、扣、镞、马具、耳坠、手镯、铜镜等；石器有穿孔砺石、石眉笔与炭精块、玛瑙珠和玉饰等；金器有耳坠、珠饰；还出土贝壳、蚌壳、料珠、马镳、骨镞、铁器等。年代在公元前1000年前后。上述诸地点考古文化基本一致，与小河墓地、中亚瓦赫什文化、安德罗诺沃文化可能存在某种文化联系。最新考古调查表明，在克里雅河下游地带，新发现了与小河墓地文化面貌极为近似的墓地[8]。

3．**和硕—焉耆盆地开都河流域青铜时代考古文化遗存**　　这里经过考古发掘的重要遗址有和硕县新塔拉遗址和曲惠遗址[9]、和静县莫呼查汗墓地[10]、察吾呼墓地[11]等。在新塔拉遗址下层，发现有灶址和土炕，采集的遗物有陶器、石器和铜器。陶器器形有双耳罐、桶形杯、瓮、釜、杯、钵。石器多为磨制，也有琢制和打制，有磨盘、磨棒、杵、斧、砍砸器、刮削器、石锥、石臼等。铜器有斧、镞、锥、刀等；还发现有腐朽的粟粒残骸。年代经过测定约在公元前1500年。曲惠遗址与新塔拉遗址基本相同。

莫呼查汗墓地墓葬地表有圆形石堆、长方形石堆、熨斗形石围三种，以熨斗形石围墓为主，墓室均为竖穴土坑石室，葬式均为屈肢葬，有侧身屈肢、仰身屈肢、俯身屈肢多种类型。多单人葬，有少量的合葬，多二次葬。出土陶器有单耳带流罐、单耳罐、双耳罐、高领罐、双系罐、单耳斜腹杯、单耳杯、单耳碗、单耳钵等。铜器有矛、短剑、箭镞、铜刀、铜镜、铜梳、铜扣、连珠状扣饰、铜管饰、铜珠、锥形器、马具等。金器有耳环、金卷饰；骨器有骨镞、骨纺轮、骨扣等。木器有锥形器、单耳木盆。石器有化妆棒、砾石、扣饰等。多数墓葬年代为青铜时代至早期铁器时代。

和静县察吾呼沟墓地[12]早期遗存的年代，根据有关的研究，应当在青铜时代。已发掘重要遗存有和静县察吾呼沟墓地[13]、哈布其罕墓地[14]及拜勒其尔墓地[15]、察汗乌苏墓地[16]、小山口墓地[17]，轮台县群巴克墓地[18]、阿孜干墓地[19]等。年代约为公元前1000年至西汉前后。有学者研究，察吾呼沟文化可划分为察吾呼沟类型、群巴克类型。

察吾呼沟类型以和静县察吾呼沟一、二、四、五号墓地，拜勒其尔墓地，哈布其罕墓地，察汗乌苏墓地，小山口墓地等为代表。察吾呼墓地已发掘500多座，墓葬大体可分为石圈和石堆墓两种，随葬陶器以平底器为主，单耳带流罐为主，多红陶衣绘红、黑彩；还出土铜器、石器、木器、骨器、金器，个别墓地有铁器以及毛麻织物。年代约为公元前1000年～公元前500年前后。拜勒其尔墓地已发掘墓葬8座，时代在察吾呼文化晚期，出土了一批铜器、精美的包金铜饰件，显示是高等级的墓葬。2004～2007年在察汗乌苏墓地、小山口墓地清理发掘墓葬300余座，有许多石围石堆墓，墓葬属于察吾呼文化类型。

群巴克类型以轮台县群巴克一、二号墓地、阿孜干墓地和拜城县克孜尔水库墓地、多岗墓地为代表。群巴克墓地清理发掘墓葬50余座，墓室为竖穴土坑，流行多人二次合葬，有的墓室周围又有儿童墓和马头、骆驼头及狗头殉葬坑；随葬品多大型带流器，有一定数量彩陶，还有铜镞、铜戈、带柄铜镜、铜牌、透雕饰品、铜带扣、马衔、铁刀、铁镰、铁短剑、磨石、石锥、骨锥、骨镞、骨镳、木盘、木杯、钻木取火器、木纺轮、毛织物和小麦粒等，年代为公元前1000年～公元前500年。

4. 且末县车尔臣河流域 以且末县扎滚鲁克墓地一期文化[20]和加瓦艾日克墓地[21]为代表。墓葬多为竖穴土坑，有焚烧现象。此外，还有树棺葬和木椁葬，多人合葬。随葬有带流器、折腹钵、单耳罐，木器有弓、箭、盘、桶、杯、勺、竖箜篌等，还出土保存较好的毛织物、铁针、木器、铜器、铁器等。年代为公元前1000年前后。

5．叶尔羌河上游地区　　以塔什库尔干塔吉克自治县香宝宝墓地[22]和下坂地墓地早期墓葬[23]为代表。香宝宝墓地经发掘墓葬40座[24]，随葬陶器有釜、罐、碗、钵等；铜器有镞、牌、泡、镯、指环、羊角形饰件等；铁器有环首小刀、镯、指环、管等。时代约为公元前900～公元前500年。下坂地墓地发掘墓葬181座，随葬陶器有罐、钵、杯、碗、釜等；木器有盘、钵、罐、结具等；铜器为手镯、耳环、脚链、戒指、泡等饰品；还有铁、石、葫芦器、纺织品、皮草制品、琉璃器、马鞍、弓等。火葬墓也见于香宝宝墓地及帕米尔以西地区，部分陶器亦见于香宝宝墓地及安德罗诺沃文化中。特别是喇叭形耳环更是安德罗诺沃文化中的常见器物。墓地的年代约在公元前1000～公元前500年前后。

6．阿克苏—库车地区　　经过重点调查和发掘的有阿克苏市喀拉玉尔衮遗址[25]和疏附县阿克塔拉遗址[26]、库车县哈拉墩遗址[27]、拜城县克孜尔水库墓地[28]、多岗墓地[29]等处。在喀拉玉尔衮遗址，出土了石器、骨器、铜器，陶器器形可见单耳罐、盆、钵、壶、杯；石器有磨制的石锛、斧形器，铜器有铜环等。在疏附县阿克塔拉遗址，曾采集到半月形石刀、石镰、石磨盘、石杵、石球、纺轮、砺石、铜刀及多类型的陶器。在哈拉墩遗址下层，发现有房屋遗址和灰坑，出土陶器有双耳罐、杯、盘、碗、三足器，常见刻划纹、附加对纹，见有彩绘。石器主要是磨制，有半月形石镰、石刀、石铲、石杵、石凿、石锥、石臼、石球等。在克孜尔墓地，共发掘墓葬160座，男性普遍随葬铜刀、砺石，女性随葬纺轮、饰珠等。随葬陶器有釜、双耳罐、带流罐、盆、钵、杯、壶等，多彩陶；铜器有斧、镜、刀、锥、扣、纺轮和饰件；还出土骨纺轮、骨珠饰、砺石、石锥、石镰、料珠等。年代为公元前1000～前500年前后。

二　西北部地区的青铜文化

这一区域的青铜时代考古文化，主要分布在阿勒泰地区额尔齐斯河流域、塔城地区额敏河流域、玛纳斯河流域，伊犁地区的喀什河、特克斯河、巩乃斯河流域。

1．阿勒泰地区额尔齐斯河流域青铜时代考古文化遗存　　以阿勒泰切木尔切克墓地M16和富蕴县喀拉苏克墓地为代表。切木尔切克墓地（过去称"克尔木齐"）墓葬共发掘了82座[30]。墓葬表面或有石堆封土，有数座墓周围绕以长方形石围或土围，在部分石围或土围和石堆封土前立有石刻人像或长条石。墓葬有竖穴土坑和竖穴石棺两种，随葬陶器有罐、橄榄形罐、豆形器、壶等，多饰有篦纹、划纹、点纹、压印纹、波带纹。石器有罐、杯、钵、灯、杵、桂叶形石镞，骨器有镞、带扣、饰件，铜器有刀、矛、镞、镜等。部分墓葬应属青铜时代，年代为公元前2000～公元前700年。2006～2008年，在喀拉苏克发掘墓葬160余座[31]。出土陶器、铁器、木器、铜器、骨器等，部分墓随葬马1～2匹，马身上有鞍、马衔等马具。墓地年代上限约为公元前1000年。

2. 塔城—石河子地区的青铜时代考古文化遗存　　经过发掘的遗址有塔城市卫校墓地[32]、塔城市下喀浪古尔村遗址[33]、托里县萨孜村墓地[34]、裕民县阿勒腾也木勒水库墓地[35]等。在塔城市卫校遗址，发现了有居住面和火炕及可能与祭祀有关的遗迹。出土有缸形陶器、折肩平底罐。石器有石砧、磨盘、磨棒、石杵、三角形有孔磨光石锄、石锤、三系石斧、环刃石器、砺石、纺轮、石球等。另有两侧磨光的羊距骨、小铜器及铜炼渣。共清理墓葬16座，随葬陶器和遗址区所出基本相同。文化面貌和南西伯利亚和中亚地区分布广泛的安德罗诺沃文化相似，年代约为公元前2000～公元前1000年。

阿勒腾也木勒水库墓地青铜时代墓葬，分竖穴土坑和竖穴石棺两类，均为侧身屈肢葬。竖穴土坑墓M74出土橄榄形灰陶罐、石珠等。墓葬测年约在公元前2000～公元前1600年。

3. 玛纳斯河流域青铜文化遗存　　经过发掘的遗址有石河子水泥厂墓地[36]等。水泥厂墓地墓葬为竖穴土坑，单人葬。随葬陶器主要是盆形或瓮形器，多有刻划或压戳纹饰；铜器有刀、镞、镰等。在托里县曾采集、收集到一批安德罗诺沃文化时期的铜斧、铜镰、铜刀等，表明安德罗诺沃文化在新疆北疆地区有较广泛的分布。

4. 伊犁河流域地区青铜时代考古文化遗存　　在伊犁河的三大支流——喀什河、巩乃斯河、特克斯河流域，以及汇流之后的伊犁河干流地域。经过调查和考古发掘，确认多处青铜时代考古文化遗存。

（1）喀什河流域　　以尼勒克县喀拉苏遗址[37]、唐巴勒萨伊墓地[38]为代表。在喀拉苏遗址，发掘了一处圆角长方形半地穴房屋建筑遗迹，面积约110平方米，出土石器有马鞍形石磨盘、石杵、石罐、柱础、磨石、石锄、石片石器等；出土陶器多为残片，器形可见敛口深腹罐、折肩罐、高领罐、刻划纹罐、花边口沿罐、深腹小罐等。这是伊犁河谷地区首次发现有明确地层关系、时代相当于中亚地区安德罗诺沃文化时期的遗存，年代当在公元前1500～公元前1000年左右。

唐巴勒萨伊墓地经过发掘的墓葬26座，早期墓葬（M12~M17、 M23~24、M26）一共9座，均为土堆墓，分布较为集中。墓葬方向均西向，葬者头西脚东，竖穴土坑，单人葬为主，也有双人葬，均侧身屈肢。另有火葬拾骨葬。随葬陶器及祭品多放置在头端，葬者或有成对耳环坠饰，见有铜手链和脚链装饰。随葬遗物有平底罐、圈足罐、杯，铜器有喇叭形耳坠、足链、手链等。墓葬年代在公元前1400年前后，研究者认为这批墓葬的性质为安德罗诺沃文化时期的遗存，可以称为"唐巴勒萨伊类型"。

在该区域发现的奴拉赛铜矿遗址，是我国重要的矿冶遗址，时代虽定为春秋战国时期，但是其所蕴含的青铜时代经济文化特征，对中国冶金史、新疆史前考古文化以及东西方早期文化比较研究等，有重要价值。

（2）**特克斯河流域**　以特克斯县阔克苏西2号墓群[39]等为代表。阔克苏西2号墓群青铜时代墓葬共发掘7座，分布较为集中。墓葬地表有圆形封土堆，墓葬形制为竖穴土坑，有石室或木椁，墓向东西向，以单人葬为主，均侧身屈肢。极个别火葬和土葬集于一座墓葬之中。随葬品较少，一般在头端或身侧放置1～4个陶器（旁见有马肋骨），个别墓葬出土残耳杯、铜珠。陶器有圈足罐、平底缸形器、假圈足器，铜器有铜珠、铜环等。经过对比研究分析，结合年代学测定，墓葬的年代在公元前1400～公元前1300年。

三　东部地区的青铜文化

这一区域的青铜时代考古文化，主要分布在哈密盆地、吐鲁番—托克逊—鄯善盆地的河流绿洲。

1. **哈密地区青铜时代考古文化遗存**　目前，经过考古研究命名的这一地区青铜时代考古文化类型有天山北路文化、焉不拉克早期类型文化、苏贝希早期文化。

天山北路文化主要有以哈密市天山北路墓地（即林雅墓地）[40]为代表，经过发掘的有巴里坤草原的南湾墓地[41]和兰州湾子遗址[42]、奎苏遗址[43]，伊吾县的石人子遗址、军马场遗址[44]、盐池遗址和卡尔桑遗址[45]等。天山北路墓地经发掘墓葬700余座，形制有长方形土坑竖穴和土坑竖穴土坯墓两种。出土陶器有双耳罐、单耳罐、杯、壶、钵等彩陶，红衣黑彩或红彩，纹饰多样。铜器主要为耳环、手镯、圆形牌饰等，银器均为簪，骨器多为长方形骨牌饰，石器有珠、石杵。该墓地延续时间长，年代约在公元前1900~公元前1400年，文化面貌与甘肃发现的四坝文化关系密切。南湾墓地墓葬以单人葬为主，随葬陶器有双耳罐、四耳罐、单耳罐、单耳钵、单耳杯、双耳壶等，有少量彩陶；铜器有刀、镞、锥、镜、牌、管、耳环等。还有石器及少量毛织物，年代约距今3400~3000年。兰州湾子遗址遗迹类型多样，发现规模宏大的石构建筑遗迹群、墓葬等，曾出土彩陶、铜器、石磨盘等。在一处巨石构成的大型建筑遗址内，出土陶器、石器、铜器等，铜器有环首小刀和圈足鍑，还发现已炭化的麦粒。遗址年代约为公元前1200年。

焉不拉克早期类型文化以焉不拉克墓地[46]早期类型文化、哈密五堡墓群[47]为代表，经过考古发掘的还有拉甫乔克墓葬、艾斯克霞尔南墓葬[48]等。五堡墓地已发掘清理墓葬113座，随葬有陶罐、木桶、木勺、木梳、石杵、青铜小刀、锥、带把小镜、镞、牌饰、毛织物等。部分陶罐及木桶上饰有红衣黑彩和红彩。生产工具有石磨、木耜、木质三角形掘土器、木柄铜锛、骨针、石球、马具及木质车轮，还有小米饼、青稞穗等。墓地年代约为公元前1300~公元前1000年。焉不拉克墓地两次发掘共清理墓葬90座，墓葬用土坯砌成，多呈长方形，亦有椭圆形和方形竖穴土坑墓等。随葬陶器有单耳罐、单耳钵、单耳杯、单耳豆、腹耳壶，彩陶较多红衣黑彩，花纹有曲线纹、锯齿纹、水波纹、S形纹、倒三角纹、十字双钩纹、竖线纹等。铜器有刀、镞、锥、镜、牌、耳、环、扣等。铁器有刀、剑和戒指。木器有俑、盘、碗、勺、桶、锥等。石器有杵、铲、磨石等。年代约为公元前1300~公元前500年。艾斯克霞尔南墓地墓葬文化特征明显与焉不拉克、五堡、拉甫乔克墓葬文化特征相同或相似，年代相当于焉不拉克文化早期墓葬。

2. 吐鲁番盆地及北疆沿天山一带青铜时代考古文化　　这一区域以吐鲁番市哈拉和卓遗址[49]、鄯善县苏贝希墓地早期文化、洋海墓地第一期文化[50]为代表，已命名为苏贝希文化早期类型。重点调查、发掘的有吐鲁番艾丁湖墓葬[51]，鄯善县苏贝希墓葬和遗址[52]、三个桥墓葬[53]、洋海墓葬[54]、呼图壁康家石门子岩刻画[55]等。

苏贝希遗址位于火焰山吐峪沟西坡台地上，清理发现有房址、灰坑，出土有石器、木器、毛织品、陶器等。苏贝希墓地经过发掘的墓葬30余座，随葬器物有石器、陶器、铁器、骨器、木器、角质器、皮革制品、毛织物等。男性身着皮大衣，内套毛织衣、毛织裤，长皮靴。女性身穿皮大衣，内套黑色毛织衣、彩色毛织裙，足蹬短靿皮毡靴。个别尸体保存较好。随葬陶器有深腹罐、平底碗和单耳直腹杯、涡纹彩陶器；木器有盘（俎）、弓箭及钻木取火器、各种植物种子和食物。墓葬和遗址年代基本相同，为战国至西汉。

洋海墓地墓群分布在鄯善县洋海村西北三片相对独立的黄土台地上，在西北区域的台地上还零星分布有一些偏室墓和斜坡墓道洞室墓。1988、2003年清理发掘墓葬近600座。早期墓葬多为椭圆形竖穴墓。葬具中多用圆木做的尸床，还大量使用编织精美的草席、草编帘垫、毛毡和地毯。出土陶器有釜、罐、杯、壶、钵、盆、豆、双联罐等。彩陶较多，多为红地黑彩。木器有桶、纺轮、曲棍、箜篌、手杖、钻木取火器、碗、钵、盘、冠饰、耳杯、鞭、镳、梳及弓箭袋，木器上刻出连续的三角纹及成组的动物形象。铜器有环首刀、长銎斧（戚）和直銎斧、节约等。另外，还有泥塑人头像、泥制吹风管、草编器、皮革制品、织物和服饰等。洋海墓地第一期文化年代为公元前1000年稍早到纪元前后。

哈拉和卓遗址经过发掘，发现有土坯砌筑的房屋遗迹，内有灶坑，出土陶器有圜底钵、釜、盆等器物残片，有彩陶，石器主要是打制的半月形石镰、石锤斧等，碳十四测年数据为距今2100年左右。

呼图壁康家石门子生殖崇拜岩画，画面东西长14米，上下高9米多，面积120平方米左右。其上刻有姿态各异的舞蹈人物三四百人。画面人物大者过2米，小者仅2厘米左右。岩画年代当在公元前1000年前半期。

1　贝格曼:《新疆考古记》,王安洪译,新疆人民出版社,1997年。

2　新疆社会科学院考古研究所:《孔雀河古墓沟发掘及其初步研究》,《新疆社会科学》1983年第1期;王炳华:《新疆地区青铜时代考古文化试析》,《新疆社会科学》1985年第4期。

3　新疆文物考古研究所:《2002年小河墓地考古调查与发掘报告》,《新疆文物》2003年第2期;新疆文物考古研究所:《2002年小河墓地考古调查与发掘报告》,载教育部人文社科重点研究基地吉林大学边疆考古研究中心编:《边疆考古研究》第3辑,第338~398页,科学出版社,2004年;新疆文物考古研究所:《2003年罗布泊小河墓地发掘简报》,《新疆文物》2007年第1期;新疆文物考古研究所:《新疆若羌小河墓地2004年考古发掘简报》,《文物》2007年第10期。

4　张铁男、于志勇:《新疆民丰县尼雅遗址以北地区考古调查》,《新疆文物》1996年第1期;岳峰、于志勇:《新疆民丰县尼雅遗址以北地区1996年考古调查》,《考古》1999年第4期。

5　资料存新疆文物考古研究所。

6　中国社会科学院考古研究所:《于田县流水墓地发掘简报》,《考古》2008年第7期。

7　中国社会科学院考古研究所:《新疆流水墓地考古发掘简报》,《2005年中国重要考古发现》,文物出版社,2006年。

8　据《新疆经济报》2008年4月18日。

9　新疆维吾尔自治区博物馆、和硕县文化馆:《和硕县新塔拉、曲惠原始文化调查》,《新疆文物》1986年第1期;新疆文物考古研究所:《新疆和硕新塔拉遗址发掘简报》,《考古》1988年第5期;张平、王博:《和硕县新塔拉和曲惠遗址调查》,《考古与文物》1989年第2期。

10　新疆文物考古研究所:《和静县莫呼查汗墓地考古发掘简报》,《考古与文物》2014年第5期。

11　新疆文物考古研究所:《新疆察吾呼——大型氏族墓地发掘报告》,东方出版社,1999年。

12　中国社会科学院考古研究所新疆队等:《新疆和静县察吾呼沟口一号墓地》,《考古学报》1988年第1期;《新疆和静县察吾呼沟二号墓地发掘简报》,《考古》1990年第6期;新疆文物考古研究所:《新疆和静县察吾呼墓地》,东方出版社,2000年。

13　中国社会科学院考古研究所新疆队等:《新疆和静县察吾呼沟口一号墓地》,《考古学报》1988年第1期;《新疆和静县察吾呼沟二号墓地发掘简报》,《考古》1990年第6期。新疆文物考古研究所:《新疆和静县察吾呼沟口四号墓地1986年发掘简报》,《新疆文物》1987年第1期;《和静县察吾呼沟四号墓地1987年度发掘简报》,《新疆文物》1988年第4期;《新疆和静县察吾呼沟二号墓地》,《新疆文物》1989年第4期;《和静县察吾呼沟五号墓地发掘简报》,《新疆文物》1992年第2期;《新疆和静县察吾呼一号墓地》,《新疆文物》1992年第4期。

14　新疆文物考古研究所等:《和静哈布其罕I号墓地发掘简报》,《新疆文物》1999年第1期;新疆文物考古研究所等:《和静哈布其罕二号墓地发掘简报》,《新疆文物》2001年第3、4期。

15　新疆文物考古研究所等:《和静拜勒其尔石围墓发掘简报》,《新疆文物》1999年第3、4期。

16　新疆文物考古研究所:《和静县察汗乌苏古墓群考古发掘新收获》,《新疆文物》2004年第4期。

17　资料正在整理之中,现存新疆文物考古研究所。

18　中国社会科学院考古研究所新疆队等:《新疆轮台群巴克古墓葬第一次发掘简报》,《考古》1987年第11期;《新疆轮台县群巴克墓葬第二、三次发掘简报》,《考古》1991年第8期。

19　《轮台县策达雅乡阿孜干墓地发掘》,《中国考古学年鉴》(2003),文物出版社,2004年。

20 巴音郭楞蒙古自治州文管所：《1989年且末县扎滚鲁克古墓清理简报》，《新疆文物》1992年第2期；新疆维吾尔自治区博物馆文物队：《且末县扎滚鲁克五座墓葬发掘报告》，《新疆文物》1998年第3期；新疆维吾尔自治区博物馆等：《新疆且末扎滚鲁克一号墓地》，《新疆文物》1998年第4期；《且末扎滚鲁克二号墓地发掘简报》，《新疆文物》2002年第1、2期；《新疆且末扎滚鲁克一号墓地发掘报告》，《考古学报》2003年第1期。

21 中国社会科学院考古研究所新疆队等：《新疆且末县加瓦艾日克墓地的发掘》，《考古》1997年第9期。

22 新疆社会科学院考古研究所：《帕米尔高原古墓》，《考古学报》1981年第2期。

23 新疆文物考古研究所：《新疆下坂地墓地》，文物出版社，2012年。

24 新疆社会科学院考古研究所：《帕米尔高原古墓》，《考古学报》1981年第2期。

25 王永焱：《西北史前文化遗址概况》，《文物参考资料》第二卷第10期。

26 新疆维吾尔自治区博物馆考古队：《新疆疏附县阿克塔拉等新石器时代遗址的调查》，《考古》1977年第2期。

27 黄文弼：《新疆考古发掘报告》，文物出版社，1983年。

28 新疆文物考古研究所：《拜城县克孜尔水库墓地第一次发掘》，《新疆文物》1999年第3、4期；新疆文物考古研究所：《新疆拜城县克孜尔吐尔墓地第一次发掘》，《考古》2002年第6期；新疆文物考古研究所：《新疆拜城县克孜尔水库墓地第二次发掘简报》，《新疆文物》2004年第4期。

29 整理存中国社会科学院考古研究所新疆队。

30 新疆社会科学院考古研究所：《新疆克尔木齐古墓群发掘简报》，《文物》1981年第1期。

31 新疆文物考古研究所等：《富蕴县塔勒德萨依墓地发掘简报》，《新疆文物》2006年第3、4期。2008年发掘资料正在整理之中，现存新疆文物考古研究所。

32 李肖：《新疆塔城市考古的新发现》，《西域研究》1991年第1期；《塔城市卫生学校古墓群及遗址》，

《中国考古学年鉴》（1991），文物出版社，1992年。

33 于志勇：《塔城市二宫乡下喀浪古尔村古遗址调查》，《新疆文物》1998年第2期。

34 新疆文物考古研究所、塔城地区文管所：《托里县萨孜村古墓葬》，《新疆文物》1996年第2期。

35 新疆文物考古研究所：《裕民县阿勒腾也木勒水库墓地考古发掘报告》，《新疆文物》2012年第3、4期。

36 新疆文物考古研究所、石河子军垦博物馆：《石河子市古墓》，《新疆文物》1994年第4期；《石河子文物普查简报》，《新疆文物》1998年第4期。

37 新疆文物考古研究所等：《尼勒克县喀拉苏遗址考古发掘简报》，《新疆文物》2008年第3、4期。

38 新疆文物考古研究所：《尼勒克县唐巴勒萨伊墓地考古发掘报告》，《新疆文物》2012年第2期。

39 新疆文物考古研究所：《特克斯县阔克苏西2号墓群考古发掘简报》，《新疆文物》2012年第2期。

40 《中国考古学年鉴》（1990），文物出版社，1991年；吕恩国、常喜恩、王炳华：《新疆青铜时代考古文化浅论》，《苏秉琦与当代中国考古学》，第179～184页，科学出版社，2001年。

41 新疆维吾尔自治区博物馆：《巴里坤南湾墓地第66号墓清理简报》，《新疆文物》1985年第1期；贺新：《新疆巴里坤县南湾M95号墓》，《考古与文物》1987年第5期；吕恩国、常喜恩、王炳华：《新疆青铜时代考古文化浅论》，《苏秉琦与当代中国考古学》，科学出版社，2001年。

42 《巴里坤县兰州湾子三千年前石构建筑遗址》，《中国考古学年鉴》（1985），文物出版社，1985年。

43 吴震：《新疆东部的几处新石器时代遗址》，《考古》1964年第7期。

44 常喜恩：《伊吾军马场新石器时代遗址调查》，《新疆文物》1986年第1期。

45 吴震：《新疆东部的几处新石器时代遗址》，《考古》1964年第7期。

46 黄文弼：《新疆考古发掘报告（1957～1958）》第1～4页，文物出版社，1983年；新疆维吾尔自治区文化厅文物处等：《新疆哈密焉不拉克古墓地》，

《考古学报》1989年第3期。

47　新疆文物事业管理局、新疆文物考古研究所：《新疆维吾尔自治区文物考古五十年》，《新中国考古五十年》，文物出版社，1999年。

48　新疆文物考古研究所、哈密地区文管所：《新疆哈密艾斯克霞尔墓地发掘简报》，《新疆文物》2001年第3、4期；《新疆哈密市艾斯克霞尔墓地的发掘》，《考古》2002年第6期。

49　新疆维吾尔自治区博物馆、新疆社会科学院考古研究所：《建国以来新疆考古的主要收获》，《文物工作三十年》，文物出版社，1979年。

50　吐鲁番地区博物馆、吐鲁番学研究院、新疆文物考古研究所：《鄯善县洋海墓地考古发掘报告》，《考古学报》2011年第2期。

51　新疆维吾尔自治区博物馆等：《吐鲁番艾丁湖古墓葬》，《考古》1982年第4期。

52　吐鲁番地区文管所：《鄯善苏巴什古墓葬发掘简报》，《考古》1984年第1期；《新疆鄯善县苏巴什古墓群的新发现》，《考古》1988年第6期；新疆维吾尔自治区文物普查办公室等：《吐鲁番地区文

物普查资料》，《新疆文物》1988年第3期；新疆文物考古研究所：《新疆鄯善县苏贝希考古调查》，《考古与文物》1993年第2期；《鄯善苏贝希一号墓地发掘简报》，《新疆文物》1993年第4期；《鄯善县苏贝希墓群三号墓地》，《新疆文物》1994年第2期；《新疆鄯善县苏贝希遗址及墓地》，《考古》2002年第6期。

53　新疆文物考古研究所等：《新疆鄯善县三个桥古墓葬发掘简报》，《新疆文物》1997年第2期。

54　邢开鼎：《鄯善县洋海古墓葬》，《中国考古学年鉴》（1989），文物出版社，1990年，资料存新疆文物考古研究所；新疆文物考古研究所等：《鄯善县洋海一号墓地发掘简报》、《鄯善县洋海二号墓地发掘简报》，《鄯善县洋海三号墓地发掘简报》，均见《新疆文物》2004年第1期；新疆文物考古研究所等：《新疆鄯善县洋海墓地的考古新收获》，《考古》2004年第5期；《新疆鄯善洋海墓地》，《文物天地》2004年第6期。

55　王炳华：《新疆天山生殖崇拜岩画》，文物出版社，1991年。

新疆古代居民的种属与族属

苗普生

新疆自古以来就是一个多民族聚居的地区，也是一个多种族接触交错的地带。

种族，也称人种，是指具有共同起源和各种共同遗传特征的人群。最初，这是根据人体外部特征，如肤色、身高等来区分的，以后又增加了某些生理和生化特征，如血型、遗传基因等加以区别。目前，人类大致分为三四个大人种（或一级人种），即蒙古人种、欧罗巴人种和尼格罗人种，有的人也把澳大利亚人种作为一个独立的人种。蒙古人种，也称黄种或亚美人种，主要分布在亚洲和美洲部分地区。欧罗巴人种，也称白种或欧洲人种，主要分布在欧洲、西亚和北非等地区。尼格罗人种也称黑种，主要分布在非洲大部分地区。澳大利亚人种，也称棕种，主要分布在澳大利亚、新西兰和南太平洋岛屿。

人种和人种的分类主要是生物性质的，它不能和民族、部族等概念混同起来。

民族是一个历史范畴，是人们在历史发展过程中形成的一个有共同语言、共同地域、共同经济生活，以及表现于共同文化上的共同心理素质的稳定的共同体，其本质是文化上的人群分类。按照共同语言、共同地域、共同经济生活和共同的心理素质这四个基本特征，目前世界上60多亿人口，被识别为2000多个民族。我国14亿多人口，有56个民族。

种族与民族虽然是两个不同的概念，但二者关系始终处于发展变化之中。不同种族之间通过婚姻而发生的混血，在人类历史发展的过程中时时处处都是存在的。各种族之间这种接触、混杂、同化和融合现象，使种族和民族之间呈现出错综复杂的关系。

一　新疆古代居民的种属

考古资料表明，在距今三四万年的旧石器时代末期，新疆就有了人类活动。到了新石器时代，人类的足迹已经遍布天山南北。但到目前为止，我们在新疆境内还没有发现属于石器时代的人类学资料，无法判定当时居民的种属。新疆境内发现的古人类学资料，属于青铜器时代及其以后时期。主要是：

1. **孔雀河下游古墓沟人骨资料**　　1979年底，考古人员在罗布泊地区孔雀河下游古墓沟发掘了42座墓葬，从中收集了18具头骨（男11、女7）。研究认为，他们均属于欧罗巴人种[1]。根据碳十四年代测定，古墓沟墓地年代距今约3800年左右。

2. **哈密焉不拉克古墓人骨资料**　　1985年，考古人员在哈密市三堡乡焉不拉克村附近，共发掘了76座墓葬，采集到比较完整的头骨29具（男19、女10）。根据头骨形态特征和测量数据分析，其中具有蒙古人种支系特点的有21具，归属于欧罗巴人种支系的有8具[2]。根据墓制和出土遗物，墓地年代距今约3000～2200年。

3. **于田县流水墓地人骨资料**　　流水墓地位于于田县阿羌乡流水村。2003～2005年，考古人员累计共发掘了51座墓葬，共采集到21具人骨。经对其中18具（男11、女7）较完整的成年人头骨进行观察和测量，他们明显接近中国东部和中部群体，在新疆境内则与哈密焉不拉克墓地、和静县察吾呼沟三号墓地关系密切。墓中人骨经碳十四年代测定，其年代距今为2950～2900年[3]。

4. **塔什库尔干塔吉克自治县香宝宝古墓人骨资料**　　1976年8月和1977年6月，考古人员在塔什库尔干塔吉克自治县县城北香宝宝古墓地的发掘中，采集到一具部分破损的头骨。这具头骨尽管不完整，然而从其强烈凸出的鼻骨、小颧骨及面部水平方向强烈凸出等特点来看，都明显显示出了欧洲人种性质[4]。根据碳十四年代测定，墓地年代约在距今2900～2500年。

5. **乌鲁木齐萨恩萨伊墓地人骨资料**　　萨恩萨伊墓地位于乌鲁木齐县板房沟乡萨恩萨伊沟口东岸，考古人员于2006～2008年在此发掘了182座墓葬，共采集到26具人头骨，并对其中23具（男20、女3）成年人头骨进行了观察和测量。认为其体质特征趋向于北亚蒙古人种类型，距今约为2700年[5]。

6. **阿拉沟古代丛葬墓人骨资料**　　阿拉沟位于吐鲁番盆地西缘，是天山山脉中间的一条山沟。1976～1977年，考古人员对阿拉沟古代墓地进行发掘，采集到一组人骨。该墓地分布有三种不同形制的墓葬，即时代较早的群葬石室墓、棚架式墓和竖穴木椁墓。在这个墓地共采集到58具（男33，女25）头骨，其中大部分采自时代较早的第一种类型的丛葬墓。根据观察和测量，欧罗巴人种支系占有明显优势，约49具。可能归入蒙古人种支系和可能为两种人种混杂类型的约有7具[6]。据碳十四年代测定，墓地年代距今约2600～2100年。

7. **和静县察吾呼沟墓葬人骨资料**　　在和静县城西北沿天山南麓一线，分布有大批古墓葬。1983～1989年，考古人员对察吾呼沟内外五处大型墓地共448座古墓进行了发掘，从3、4号墓地采集到大批人头骨进行观察和测量。

4号墓地位于察吾乎沟口左岸山前坡状台地上，墓葬地表有石围作标志，以多人合葬为主，也有二次葬，采集到头骨83具（男54、女29）。测量研究表明，四号墓地头骨显示着强烈的欧罗巴人种性质。根据碳十四年代测定，墓地年代距今约3000～2500年。

3号墓地建在平坦的戈壁滩上，墓地形制主要是长方形竖穴土坑墓或洞室墓，东西方向，都是单人一次葬，采集头骨11具（男9、女2）。与4号墓地头骨相比，3号墓地头骨颅形有些短化，但高颅化性质明显，同时面形的狭化强烈，而眶形趋高，鼻骨突度则相对弱化，腭形短阔，反映了某种蒙古人种化倾向[7]。根据碳十四年代测定，3号墓地的年代距今约2000～1800年。

8. 吐鲁番洋海古墓人骨资料 1987～1988年，考古人员在位于吐鲁番地区鄯善县境内的洋海墓地采集到21具头骨（男8、女13）。通过对头骨的形态观察和测量，发现大多数个体兼有蒙古人种和欧罗巴人种特征，与哈密焉不拉克C组接近，说明吐鲁番与哈密不仅地域邻近，而且居民种族成分相似。洋海头骨属于春秋战国至两汉时期，距今约为2700～1800年[8]。

9. 洛浦县山普拉古代丛葬墓人骨资料 1983年，考古人员在洛浦县城西南的山普拉古墓地共采集头骨279具。他们仅收集了其中的59具，然后又从中选取了两具典型的男女头骨进行鉴定，并完成了人头复原工作。结果表明，山普拉墓地头骨均属欧罗巴人种[9]。根据碳十四年代测定，墓葬年代距今为2200～1700年，属于汉代时期。

10. 温宿县包孜东乡古墓人骨资料 1985年，考古人员在温宿县包孜东乡的古墓采集到一批人骨资料，从中选出完整头骨10具（男2、女8）进行观察和测量分析。结果表明，包孜东人骨既具有蒙古人种的特征，又具有欧罗巴人种特征，并且和山普拉组有极近似的亲缘关系。根据出土遗物判断，古墓年代距今为2200～1700年，属于汉代时期[10]。

11. 楼兰城郊古墓人骨资料 1980年，考古人员在楼兰城东郊两个高台地上的古墓中，采集到6具头骨（男3、女2，未成年男性1）。根据其形态特征和人类学类型，有5具被确定为欧罗巴人种，1具归入蒙古人种。经碳十四年代测定，楼兰城郊古墓年代属西汉晚期和东汉初期，其年代距今约在2000年左右[11]。

12. 昭苏县土墩墓人骨资料 1961～1962年和1976年，考古人员对昭苏夏台、波马等地的土墩墓进行了发掘，收集到18具人骨。经对其中13具（男7、女6）较完整的头骨进行观察和测量，认为有11具属欧罗巴人种。其余2具蒙古人种特征比较明显，但也有欧洲人种的特征，属蒙古人种和欧洲人种的混杂型[12]。根据出土遗物和碳十四年代测定判断，这些土墩墓可能与公元前后几个世纪居住在伊犁河流域的乌孙人有关。

除上述人骨资料外，早在20世纪初期，一些外国考察人员在新疆境内也采集到了部分人类学资料。一是英国探险家、考古学家斯坦因于1913～1916年在吐鲁番、营盘、楼兰和尼雅采集到5具人头骨。经英国人类学家基思研究，其年代在公元初的几个世纪，所有头骨代表单一的民族，具有蒙古人种和欧罗巴人种两大人种特征，是一种中间类型，被称为"楼兰型"。二是瑞典地理学家、探险家斯文·赫定于1928年和1934年考察时，采集到11具人头骨。其中，3具采自米兰，1具采自且末，5具采自罗布泊地区，2具采自叙格布拉克。德国人约尔特吉和沃兰特把这些头骨分为三组，认为第一组6具长颅型头骨与基思的"楼兰型"头骨有很大的共同性；第二组2具头骨为汉人特征占优势的中间类型；第三组2具头骨为短颅型，具有许多阿尔宾人种（中欧人种类型）性质，在其面部侧面形态上是伊朗人类型。其时代多属于公元前1世纪末到3世纪之间。三是俄国探险家马洛夫于1915年在罗布泊地区所谓的突厥墓葬中，掘走4具头骨。优素福维奇对此进行了研究，认为这一组头骨的面部测量及其类型具有蒙古人种性质，其时代当晚于6世纪[13]。上述人类学资料，是截至目前采集并经过一定研究的资料。这些资料表明，新疆古代居民中既有欧罗巴人种，也有蒙古人种，同时还存在着欧罗巴人种与蒙古人种的混杂类型。从时间跨度分析，在属于铜器时代的新疆古代居民中，欧罗巴人种占有优势。而在其后，蒙古人种成分占得愈来愈大，并最终成为新疆古代居民的主要种族成分。

二 新疆古代居民的迁徙

新疆不是人类的发源地，新疆的古代居民都是从周边地区逐步迁徙来的。但是，他们何时和怎样进入新疆，目前还不清楚。我们只能依据新疆和邻近地区发现的古人类学资料，进行某些推测。

根据目前发现的古人类学资料，我们知道，在属于欧罗巴人种的新疆古代居民中，包括有许多不同的类型，如原始欧洲类型、地中海东支类型（也称之为印度—阿富汗类型）、中亚两河类型（也称之为帕米尔—费尔干纳类型）。这三种类型的欧罗巴人种古代居民早就生活在中亚地区。

1938年，考古人员在乌兹别克斯坦的切金克—塔什洞穴中发现了属于旧石器时代的尼安德特人类型化石。新石器时期人类学资料的发现则集中于阿莱的南部地区、土库曼南部地区、塔吉克斯坦西部和哈萨克东部地区。从东哈萨克斯坦出土的两具头骨，一具属于新石器时代，一具属于铜石并用时代，被认为是具有旧石器时代晚期克罗马农人特点的原始形态欧洲人种。在土库曼斯坦阿什哈巴德附近的安诺文化遗址出土的属于铜石并用时代的人骨，就是地中海东支类型，即印度—阿富汗类型。中亚两河类型即帕米尔—费尔干纳类型的形成可能要晚一些，主要分布在哈萨克斯坦，具有某些轻度的蒙古人种特征的混杂。

新疆境内发现的人类学资料表明，在青铜器时代，新疆的罗布泊地区已经有了属于原始欧洲类型的古代居民。孔雀河下游古墓沟发现的人骨资料就属于原始形态的欧洲人种类型，是迄今所知时代最早、分布最靠东面的欧洲人群之一。到了早期铁器时代，在新疆的南部，已经分布着属地中海东支类型的古代居民。山普拉丛葬墓、楼兰城郊古墓地发现的人骨资料都属于此种类型。这种类型在阿拉沟丛葬墓出土的人类学资料中，也占有一定的比例。如果我们把上述三个墓地的地中海人种因素和中亚的时代可能更早的同类人种因素联系起来，就不难推测，中亚古代地中海东支类型的居民首先越过帕米尔高原进入新疆西部，然后向东渗进。其中部分可能沿着塔里木盆地的南缘迁移到罗布泊地区，并可能与先期到达的居民相会合，成为汉代楼兰国居民的重要组成部分。他们中的另一部分可能沿着塔里木盆地的北缘向东渗入到天山东段和塔里木盆地之间，也和先期到达这里的居民发生混合。阿拉沟丛葬墓的一部分人骨中，存在着欧罗巴人种类型之间的居间形态成分，可能就是这种情况的反映[14]。至于中亚两河类型的古代居民，他们主要分布在新疆的北部和中部，昭苏的土墩墓出土的人骨资料就属于这种类型。阿拉沟丛葬墓出土的人类学资料则表明，中亚两河类型的古代居民在当时人口中占有优势。这也表明，中亚古代两河类型的居民可能是首先从哈萨克草原进入伊犁河谷，然后沿天山山谷向东迁徙的。

在属于蒙古人种的新疆古代居民中，也存在不同的类型，如北亚类型、东亚类型、东南亚类型等。焉不拉克墓地发现的蒙古人种头骨在其体质形态上，一方面与东亚蒙古类型比较接近，另一方面又带有大陆蒙古即北亚蒙古人种的某些相似特征，表现出它们与现代西藏东部居民头骨类型比较接近。在公元前10世纪以前，这样的体质类型的居民就分布在我国西北地区，青海卡约文化居民头骨的研究证明了这种观点[15]。在流水墓地发现的蒙古人种头骨中，其体质形态更接近东亚蒙古类型。焉不拉克墓地和流水墓地人骨资料表明，在距今3000年前后的青铜器时代，蒙古人种的古代居民已经进入新疆，并在哈密、和田一些地区占有一定优势。这两个地方的人骨资料同时还表明，东亚蒙古类型的古代居民应该是从甘青和西藏地区先后进入新疆的。

东亚蒙古类型的古代居民进入新疆以后，一支可能自哈密继续向西迁徙。吐鲁番洋海古墓人骨资料、阿拉沟古代丛葬墓人骨资料及和静县察吾呼沟墓葬三号墓人骨资料中东亚蒙古类型成分，表明东亚蒙古类型的古代居民经过吐鲁番地区以后，可能开始进入天山山谷，并向西到达伊犁河流域。流水墓地发现的蒙古人骨资料和后来的文献记载表明，东亚蒙古类型古代居民的另一支进入和田地区后，又继续沿昆仑山、喀喇昆仑山向西迁徙，直到帕米尔高原。

乌鲁木齐萨恩萨伊墓地人骨资料表明，北亚蒙古类型的古代居民进入新疆的时间在距今2700年前后。在阿拉沟丛葬墓里，发现了一具与北亚蒙古类型（大陆蒙古人种类型）短颅型头骨相近似的头骨，和现代的蒙古人或布里亚特人头骨相近，这说明，北亚蒙古类型的古代居民曾经在相当长的时间内，生活在天山中段的山谷中。在阿拉沟丛葬墓里同时发现的东亚蒙古人种类型人骨资料表明，在早期铁器时代，两种蒙古类型的古代居民已经在这里汇合，并产生了混杂性现象。之后，他们可能一起顺天山山谷向西迁徙，所以到公元前4世纪，伊犁河流域和七河地区出现了蒙古人种类型及其与欧罗巴人种类型混杂类型的古代居民[16]。乌鲁木齐萨恩萨伊墓地地处天山中部，北亚蒙古类型的古代居民应该是从天山北麓进入新疆的。

上述欧罗巴人种和蒙古人种古代居民的迁徙活动说明，在公元前18世纪到公元2世纪长达两千年的时间里，欧罗巴人种的居民从不同方向向新疆境内活动，自西而东发展，显得比较活跃，其数量和规模也比较大。至少在公元前10世纪，欧罗巴人种的居民已经深入到新疆东部地区。与此同时，蒙古人种居民开始进入新疆。大概从秦汉时起，欧罗巴人种居民的东进活动逐渐停止下来，而蒙古人种居民向西发展的势头不断增强，并成为新疆古代居民迁徙的主要趋势。这种情况既被楼兰、罗布泊、米兰等地发现的人类学资料及其他考古资料所证实，也与中国古代文献记述的匈奴、汉人、羌人向西推进相符合。

三 新疆古代居民的族属

民族是一个历史范畴，是人类社会发展到一定历史阶段的产物，它不是从来就有的。

根据考古资料，我们知道在旧石器时代晚期新疆就有了人类活动，但我们不知道他们属于何种种族，更不知道他们属于何种民族。

到了青铜器时代，我们知道新疆境内聚居着属于东、西方两大人种以及两大人种的混杂型古代居民，但是我们还是不知道他们属于何种民族，或许那时新疆的古代居民还没有形成一个有共同语言、共同地域、共同经济生活，以及表现于共同文化上的共同心理素质的稳定的共同体。

到了早期铁器时代，即我国历史上的春秋战国时期，我国文献才开始把我国西北地区的居民笼统地成为"西戎"，并与北狄、南蛮、东夷合称为"四夷"。

到了汉代，根据文献记载，我们才知道生活在新疆的古代居民有塞人、月氏人、乌孙人、羌人、匈奴人和汉人。

塞人，是汉文史籍中记载的有确切族属的新疆历史上的第一个古代民族。它在西方和印度、波斯史籍中被称为"斯基泰"或"萨迦"人。早在公元前6世纪时，波斯帝国大流士一世的贝希斯敦纪功碑中，就提到了塞种人（即戴尖帽的塞人）。他们主要活动于伊犁河流域及锡尔河以北广大地区，在天山东部的山谷中也有他们的足迹。苏联学者金兹布尔格（1960年）研究了帕米尔塞克头骨的人类学特点，认为他们"一般具有长狭而相当高的颅，陡直或较多中等倾斜的额，眉间和眉弓凸起中等，面狭而中等高，面部水平方向凸度很大，犬齿窝中等深，中—高的眼眶，鼻强烈凸起。这些特征的结合与地中海人种的印度—阿富汗类型相符合"[17]。具有这种类型特点的头骨在新疆塔什库尔干香宝宝古墓、洛浦县山普拉丛葬墓、罗布泊地区楼兰城郊古墓等地多有发现，基本上与汉文史籍中记载的塞人活动范围相符合。所以，从种族人类学的角度讲，塞人属于欧罗巴人种的印度—阿富汗类型。

月氏，在我国先秦典籍中也写作"禺知"、"禺氏"。秦汉之际，月氏人控制着包括河西走廊在内的甘肃西部和天山东部及塔里木盆地东部广大地区，最为强盛，常常轻视匈奴，并攻灭近邻乌孙。公元前177年，匈奴攻破月氏，迫使大部月氏人西迁至伊犁河流域，逐走塞种而居其地。后匈奴联合乌孙再次攻击月氏，并击杀月氏王，其余众再迁至大夏（今阿姆河上游地区）。关于月氏人的种属，人们看法不一。我国学者过去多认为月氏人属蒙古人种，为氐、羌的一部分，而国外学者多认为属欧罗巴人种。近年来，根据考古资料，以及贵霜王朝钱币上的人面像和古籍中关于月氏人形态特点的描述，我国学者也有人认为月氏人属欧罗巴人种的可能性很大[18]。但是，迄今为止，在河西地区的考古工作中还没有发现与欧洲人种形态相联系的文化遗存，因而难以确定在月氏人西迁以前就是欧洲人种的一支。

乌孙，最初活动于河西走廊，是月氏旁边的小国。秦末汉初，受月氏人的进攻，乌孙王难兜靡被杀，部众逃奔匈奴。时难兜靡之子猎骄靡尚在襁褓之中，为匈奴单于所收养。猎骄靡长大后，在匈奴的支持下，率众向西迁徙，追袭大月氏，以报杀父之仇。结果，月氏溃败，被迫南迁，乌孙遂占据伊犁河流域及伊塞克湖周围地区。苏联人类学家对中亚哈萨克斯坦、吉尔吉斯斯坦等地属于乌孙时期的古人类学资料进行过许多研究，认为乌孙属于欧罗巴人种，同时存在着一些蒙古人种特征的混合。根据对昭苏县夏台、波马等地乌孙墓出土的头骨测量研究，我国学者韩康信等确认乌孙为欧罗巴人种[19]，同时也有蒙古人种成分渗入其中。乌孙头骨上的某些蒙古人种化主要表现在颅型变短，面高面宽增大，鼻骨和眉间凸度减弱，犬齿变得更不明显等。乌孙的种属与月氏一样，中亚哈萨克斯坦、吉尔吉斯斯坦等地属于乌孙时期的古人类学资料，是否反映了他们在河西地区活动时的人种特征，仍然是一个需要继续探讨的问题。

羌族，是我国古老的民族之一，初活动于今陕西西部地区，后来一部分向东迁徙，较早融入华夏族，即后来的汉族；一部分留在原地或向今甘、青、藏等省、自治区迁徙。秦献公时（公元前384～前362年），由于秦的势力向西发展，迫使一部分羌族部落"出赐支河曲西数千里，与众羌绝远，不复交通"[20]。这部分羌族人可能由河湟一带，经阿尔金山进入塔里木盆地南缘。若羌这一地名正是这一地区曾为羌族部落活动区域的最好证明。《汉书·西域传》还说："蒲犁及依耐、无雷国，皆西夜类也。西夜与胡异，其种类羌氐行国。"也就是说，若羌以及皮山以西至帕米尔地区，或者说昆仑山、喀喇昆仑山北麓山谷地带，都是羌族人活动的地区。于田县流水墓地、和静县察吾呼沟三号墓地、哈密焉不拉克墓葬出土的蒙古人种人骨资料可能属于羌人，与现在西藏东部居民头骨类型比较接近。在公元前10世纪以前，这样体质类型的居民就分布在我国西北地区，青海卡约文化居民头骨的研究证明了这种观点[21]。若如此，羌人在新疆活动的时间比文献记载要早得多。

匈奴，是我国历史上的一个重要的古代民族。初活动于今陕西、山西北部及其以北的广大地区。战国时期，匈奴已经形成了一个稳定的人们共同体，并建立了空前强大的政权。秦、赵、燕三国经常遭受匈奴的袭扰，故皆筑长城以御之。秦末汉初，冒顿单于东破东胡，西击月氏，南并楼烦、白羊河南王，北服浑庾、屈射、丁灵、鬲昆、新犁之国，统一蒙古草原广大游牧地区，使"诸引弓之民，并为一家"[22]。公元前176年前后，匈奴又控制楼兰、乌孙、呼揭及其旁三十六国，统有西域广大地区。从此，匈奴与汉朝为争夺西域而展开了长期斗争。至公元2世纪中叶，北匈奴被东汉打败，西迁欧洲。匈奴在新疆断断续续活动了三百多年的时间，然而到目前为止，我们在新疆地区还没有发现确切的有关匈奴的人类学资料。我们判断匈奴种属的资料主要来自三个地方，即蒙古国诺颜乌拉墓葬、内蒙古伊克昭盟杭锦旗桃红巴拉墓葬和青海大通匈奴墓的人骨资料。

20世纪60年代，考古人员在蒙古国诺颜乌拉和呼尼河沿岸发掘了一批匈奴时期的墓葬。匈牙利学者托思对呼吉得2号墓出土的一具男性头骨进行了观察和测量：具有低的颅，正颌型面，面部扁平，鼻子宽而扁平。他认为可归入蒙古人种的古西伯利亚类型[23]。

内蒙古伊克昭盟杭锦旗桃红巴拉墓葬是战国时期匈奴人的遗存，出土了一具颅盖和面部皆残的头骨。头骨不很长，顶结节附近的近似颅宽很宽，鼻指数在中鼻型上限，具有很高的面，眶高则低，属低眶型。鼻颧角所示上面部扁平度也大，鼻骨凸度低。这些综合性特征比较接近北亚蒙古人种类型[24]。

青海大通县上孙家寨附近发现的东汉时期的古墓，因出土一枚"汉匈奴归义亲汉长"的铜印，而被认定有明确族属的匈奴墓[25]。墓中出土人头骨三具（男1、女2），均具有较大的颅宽，颧宽小于颅宽，颅型偏短，同时具有较大的上面高和很大的眶高，矢状方向面突度为中颌型。根据测量分析，认为这些头骨与近代蒙古组相对接近一些，与北亚蒙古人种关系更为密切[26]。但是，和桃红巴拉墓葬头骨相比，可能有类型的变异。

由于时间、地点的不同，匈奴的种属类型可能存在一些差异，尤其是在中亚的哈萨克斯坦、吉尔吉斯斯坦等地区甚至存在大人种类型的差异，但考虑到匈奴的发源地及诺颜乌拉、桃红巴拉和上孙家寨等地的人骨资料，匈奴种属的基础类型应该属于北亚蒙古人种类型。

至于汉人的种属，自然属于蒙古人种类型，主要从中原地区迁入新疆，已经没有讨论的必要。在战国时期，新疆已经有汉人的活动，当时被称为"秦人"。但大批汉人迁入新疆，则是汉朝统一西域以后的事情。

新疆各民族活动的情况表明，自秦汉时期开始，欧罗巴人种不仅停止了向东迁徙的脚步，而且开始和蒙古人种类型的各个民族一起向西运动。羌人、匈奴人和汉人分别从青藏高原、蒙古草原和中原地区向西迁徙，逐渐成为新疆民族迁徙的主要趋势。这种情况是和各地发现的人类学资料是一致的。

1　韩康信：《新疆孔雀河古墓沟墓地人骨研究》，《考古学报》1986年第3期。

2　韩康信：《新疆焉布拉克古墓人骨科学成分研究》，《考古学报》1990年第3期。

3　谭婧泽等：《新疆西南部青铜时代欧亚东西方人群混合的颅骨测量学证据》，《科学通报》2012年第28～29期，第2666～2673页。

4　韩康信：《塔吉克县香宝宝古墓出土人头骨》，《新疆文物》1988年第1期。

5　新疆文物考古研究所：《新疆萨恩萨伊墓地》，文物出版社，2013年，第208页。

6　韩康信：《阿拉沟古代丛葬墓人骨研究》，《丝绸之路古代种族研究》，新疆人民出版社，2009年，第71～175页。

7　新疆文物考古研究所：《新疆察吾乎大型氏族墓地发掘报告》，第299～336页，东方出版社，1999年。

8　邵兴周、王博：《吐鲁番盆地古墓人颅的种系研究》，《新疆文物》1991年第3期。

9　韩康信、左崇信：《新疆洛浦县山普拉古代丛葬墓头骨的研究与复原》，《考古与文物》1987年第5期。

10　邵兴周、王博等：《包孜东M41古墓颅骨研究》，《新疆文物》1990年第1期。

11　韩康信：《楼兰城郊古墓人骨人类学研究》，《丝绸之路古代种族研究》，新疆人民出版社，2009年，第290～311页。

12　韩康信、潘其凤：《新疆昭苏土墩墓古人类材料的研究》，《考古学报》1987年第4期。

13　韩康信：《新疆古代居民种族研究》，《丝绸之路古代种族研究》，新疆人民出版社，2009年，第1～22页。

14　韩康信：《新疆古代居民的种族人类学研究和维吾尔族的体质特点》，《西域研究》1991年第2期。

15　青海湟源县博物馆、青海文物考古队、青海省社会科学院历史研究室：《湟源县大华中庄卡约文化墓地发掘简报》，《考古与文物》1985年第5期。

16　参见韩康信、潘其凤：《新疆昭苏土墩墓古人类材料的研究》，《考古学报》1987年第4期。

17　韩康信：《楼兰城郊古墓人骨人类学特征》，《丝绸之路古代居民人类学研究》，新疆人民出版社，1994年，第290～310页。

18　韩康信、潘其凤：《关于乌孙、月氏的种属》，《西域史论丛》第三辑，新疆人民出版社，1990年。

19　韩康信、潘其凤：《关于乌孙、月氏的种属》，《西域史论丛》第三辑，新疆人民出版社，1990年。

20　《后汉书》卷八七《西羌传》。

21　青海湟源县博物馆、青海文物考古队、青海省社会科学院历史研究室：《湟源县大华中庄卡约文化墓地发掘简报》，《考古与文物》1985年第5期。

22　《史记》卷一一〇《匈奴列传》。

23　T. 托思《蒙古诺颜乌拉流域古人类学发现》，匈牙利《考古学报》第14卷（1962年），转引自韩康信《丝绸之路古代种族研究》，新疆人民出版社，2009年，第477页。

24　潘其凤、韩康信：《内蒙古桃红巴拉古墓和青海大通匈奴墓人骨的研究》，《考古》1984年第4期。

25　青海文物考古队：《青海大通县上孙家寨的匈奴墓》，《文物》1979年第4期。

26　潘其凤、韩康信：《内蒙古桃红巴拉古墓和青海大通匈奴墓人骨的研究》，《考古》1984年第4期。

汉朝对西域的管辖和治理

刘国防

两汉是我国统一多民族国家发展史上一个重要的时期。神爵三年（前59年），西域都护府的设立，标志着西域正式纳入汉朝版图，成为我国统一的多民族国家不可分割的一部分。随着疆域的拓展和丝绸之路的开辟，中原地区首次对安息、天竺以及更远的罗马国家有了确切的了解。来自西方的物种、音乐、舞蹈、杂技艺术等，源源不断地传入中原，大大丰富了中原人民的物质生活和社会生活，东西方经贸活动也在此时进入到一个新的历史发展阶段。尤其是佛教的传入，极大地改变了中原地区后来的文化面貌。中原文明向周边地区的传播也达到了空前的程度，汉帝国成为与波斯帝国、罗马帝国交相辉映的世界性大国。

一 西汉统一西域及对西域的治理

在经历了四年的楚汉战争之后，公元前202年，中国又重新统一于一个新兴的政权——汉，史称"西汉"或"前汉"。

稍早于西汉建立，活动于我国北方蒙古高原的匈奴，在其首领冒顿单于的领导下，迅速发展成为一个统治大漠南北的强大游牧政权。匈奴政权利用其骑兵的优势，不断扰掠汉朝北边，对新兴的汉王朝构成严重的威胁。

公元前200年，匈奴勾结韩王信攻打晋阳（今山西太原），汉高祖刘邦亲率三十万大军进行反击，结果被围困于平城（今山西大同西北）东南的白登山。刘邦派人贿赂单于阏氏，始得解围而出。

经过"白登之围"，刘邦认识到了匈奴的强大，遂改变策略，对匈奴实行和亲政策并厚予馈赠。但每年向匈奴输送大量财物粮食，并未换得北部边境的安宁。

经过数十年的休养生息，至建元元年（前140年）汉武帝继位时，汉朝内部统治得以加强，经济得到恢复和发展，国库充实，国力大增，社会安定，已成为一个强大的中央集权政权。雄才大略的汉武帝刘彻，积极备战，开始谋划反击匈奴。

汉朝从匈奴降者口中得知，被匈奴击破西迁的月氏，时常仇恨匈奴，但又苦于找不到同盟与之共抗匈奴。汉武帝决意遣使联络月氏，夹击匈奴。建元三年

（前138年），武帝派遣张骞率领的一百余人的使团踏上了出使月氏的行程。

张骞等人从陇西郡（治今甘肃临洮南）出发，一路西行，在经历被俘逃脱、克服种种困苦之后，抵达大月氏。但这时的大月氏已占据了阿姆河流域肥沃的土地，社会安定，人民安居乐业，无意东迁与汉朝夹击匈奴了。张骞的这次西行，虽然没能达到联络大月氏夹击匈奴的原定目标，但它开阔了汉人的眼界，了解到许多有关西域的前所未闻的信息。

就在张骞踏上出使大月氏行程后不久，元光二年（前133年），雁门郡马邑县豪绅聂壹通过大行令王恢向武帝献计，准备利用匈奴贪财好利之心，于马邑设伏击破匈奴主力。武帝采纳了王恢的计策，决定摒弃和亲，对匈奴进行反击。

元光六年（前129年）春，匈奴再次扰掠上谷，杀略吏民。武帝遣车骑将军卫青等四路并出，打响了反击匈奴的第一战。通过十余年的不断反击，汉匈双方的军事实力发生了根本性的转变，出现了"匈奴远遁，而幕南无王庭"[1]的局面。正是在这样的背景之下，汉朝派遣张骞再次出使西域，联络乌孙，"断匈奴右臂"[2]，以期彻底根除匈奴的威胁。

元狩四年（前119年），张骞率领三百人的使团出使乌孙。张骞到达乌孙后，因昆莫年老，乌孙内部已发生分裂，联络乌孙共击匈奴的目的没能达到。但随汉朝使者来到长安的乌孙使臣，亲眼看到了汉朝的富足和强大，增强了乌孙昆莫对汉朝的信赖，为日后汉朝与乌孙的结盟创造了条件。张骞带领的多路副使分别前往大宛、康居等国，进一步加深了对西域各国的了解。

太初年间（前104～前101年），汉朝以大宛（今费尔干纳地区）截杀汉使为由，派遣李广利率军两次攻伐大宛，"西域震惧"，西域诸国纷纷遣使汉朝，汉朝在西域诸国的威望大大提升。

太初四年（前101年），李广利征伐大宛后，汉朝置使者校尉，屯田轮台、渠犁，护田积粟，供应往来的使者，保障"东西道"的畅通[3]。这是汉朝在西域屯田之始。

元封四年（前107年）、元封六年（前105年），汉朝分别嫁细君、解忧两位公主与乌孙昆弥，汉与乌孙联盟形成。汉与乌孙关系的发展引起了匈奴的不满，昭帝末年，匈奴派兵攻打乌孙。在乌孙的请求下，本始二年（前72年）汉朝与乌孙联军重创匈奴。常惠以军功受封长罗侯。

伴随着对匈奴斗争的胜利，为谋求根除匈奴对汉朝的威胁，实现对西域的统治，实现其"广地万里，招徕远方"梦想，汉朝展开了新一轮对西域的用兵。

地节二年（前68年），汉遣侍郎郑吉、校尉司马憙将免刑罪人1500人屯田渠犁，攻打车师。神爵二年（前60年），争夺单于位失利的匈奴西边日逐王先贤掸率领所部投降汉朝，汉朝占领了车师。汉封日逐王先贤掸为归德侯，封郑吉为安远侯。

神爵三年（前59年），郑吉开府施政于乌垒城（今轮台县境内），标志着西域都护府的正式设立。西域都护府的设立标志着西域纳入汉朝版图，成为我国统一的多民族国家不可分割的一部分。

西域都护府是西域都护的衙署，西域都护是由汉朝中央任命的管辖西域的最高军政长官，其职责是"督察乌孙、康居诸外国动静，有变以闻，可安辑，安辑之；可击，击之。"[4]其属吏有副校尉、丞、司马、候、千人等[5]。

元帝初元元年（前48年），汉置戊己校尉，屯田车师前王庭，以加强汉朝对西域的统治。戊己校尉是戊、己二校尉的略称，所部是汉朝在西域的主要军事力量，受西域都护节制。

甘露三年（前51年），匈奴内讧分裂，南匈奴呼韩邪单于降汉。难以自立的北匈奴在郅支单于的率领下远走康居，继续危害西域。建昭三年（前36年），西域都护甘延寿、副都护陈汤矫制发戊己校尉及西域诸国兵，袭斩郅支。

哀帝元寿二年（前1年），乌孙大昆弥伊秩靡与匈奴乌珠留若单于共同入朝贺正岁，形成了自汉以来未有的局面[6]。

西汉末年，汉朝国势衰落。始建国元年（9年），王莽废掉自己扶立的儒子婴，登上皇位，改国号为"新"，王莽统治建立。王莽采取激进的边疆民族政策，引起边疆地区的普遍不满，纷纷起来反抗，匈奴乘机重新占据西域。

二　东汉对西域经略

建武元年（25年），刘秀称帝于洛阳，建立政权，史称"东汉"或"后汉"。在经历了王莽统治后期的战乱之后，东汉政府忙于恢复生产、安定社会秩序，重建中央集权的统治，无暇顾及西域。

建武二十四年（48年），由于连年的天灾，匈奴人畜大量死亡，匈奴统治者内部矛盾激化，八部大人共推日逐王比为呼韩邪单于，遣使至五原塞，表示"愿永为藩蔽，捍御北虏"[7]。匈奴分裂为南、北两部。

光武初，西域莎车王康曾率周围诸国，护卫着原西域都护吏士及家眷千余口，遣使至河西，联络东汉政府，抗击匈奴[8]。建武五年（29年），河西大将军窦融承制封康为汉莎车建功怀德王、西域大都尉，政权初立的东汉政府试图假手莎车统领西域诸国，对抗匈奴[9]。建武九年，莎车王康死，弟贤继立。贤诈称大都护，骄横，重赋西域诸国。建武二十一年，由于不堪忍受莎车的严苛重税和北匈奴的威胁，西域车师前国、鄯善、焉耆等十八国遣质子入侍，请东汉政府派遣都护，以求内属[10]。但汉光武帝以中央王朝初立，无暇西顾为由，拒绝了西域诸国的请求[11]。迫于北匈奴的压力，鄯善、车师等国依附于匈奴。莎车乘机攻占了塔里木盆地的大部分地区。莎车的严酷统治，引起了西域诸国的普遍反抗，北匈奴势力乘机介入，一时间西域陷入持续不断的战乱之中。

此时的北匈奴也不甘心丧失对草原地带的整体统治，不断从北方和西北方向进攻东汉边郡，焚烧都邑，杀掠人众，致使河西城门昼闭，对汉朝政府的北部边境造成严重威胁。

永平十六年（73年）春，东汉派遣窦固、耿忠等率领汉军四道并出，展开对北匈奴的征伐。永平十七年，窦固、耿秉等率军击破北匈奴于蒲类海后，屯田伊吾（今哈密）。东汉置西域都护、戊己校尉于西域。陈睦被任命为东汉的第一任西域都护，耿恭、关宠分任戊、己校尉，各率领数百人，屯驻车师后王部金满城（今吉木萨县）和前王部柳中城（今鄯善县鲁克沁）[12]。窦固又派遣假司马班超等三十六人前往西域南道，招抚诸国。至此，西域在与中原隔绝六十余年后，重新归属汉朝政府。次年，北匈奴进攻车师，杀车师后王安得，围戊己校尉耿恭于疏勒城。焉耆、龟兹在匈奴的指使下，攻殁西域都护陈睦、副校尉郭恂及吏士二千余人。

永平十八年，汉明帝崩，章帝继位。章帝"不欲疲敝中国（指中原）以事狄夷"[13]，发张掖、酒泉、敦煌三郡及鄯善兵，迎还耿恭，罢西域都护、戊己校尉。

就在东汉在西域北道的经略活动受挫之际，班超在南道诸国的活动却取得了重大进展。鄯善、于阗、疏勒等国归附汉朝。建初三年（78年），班超率领疏勒、康居、于阗、拘弥等诸国兵一万人，攻破姑墨，并欲趁势北击匈奴。元和四年（87年），班超调集于阗等国兵二万五千人，智取莎车，使西域南道诸国与东汉的联系畅通起来。

永元元年（89年），窦宪与南单于联兵北伐，大破北单于于稽落山，窦宪等登燕然山，勒石记功而还。永元三年二月，窦宪复遣左校尉耿夔、司马任尚、赵博等将兵击北匈奴于金微山（今阿尔泰山），大破之，克获甚众。北单于逃走，不知所终。同年十二月，东汉政府复置西域都护、戊己校尉。戊己校尉驻车师前部高昌城，另派戊部候领兵驻守车师后部候城。永元三年（91年），龟兹、姑墨、温宿相继降汉，东汉政府遂以班超为都护，居龟兹它乾城，以徐干为长史，屯驻疏勒。西域诸国，除焉耆、危须、尉黎外，大部都归属汉朝的统治。永元六年（94年）秋，班超将所部吏士及商客千四百人，调集龟兹、鄯善等西域八国兵七万人，讨降焉耆、尉黎、危须。东汉重新统一西域。次年，汉廷拜班超为定远侯。

永元十二年，班超上书朝廷，以年老体衰，请求告老还乡，得到朝廷的允准。汉廷以戊己校尉任尚为西域都护，居疏勒。但心气急躁的任尚举措失当，不久便引发西域诸国的反叛。延平元年（106年），西域诸国攻任尚于疏勒。朝廷随命西域副校尉梁懂率兵往援。任尚则因过失被削职召回。汉廷又以骑都尉段禧为都护，西域长史赵博为骑都尉，共守龟兹它乾城。

延平元年八月，殇帝崩，安帝即位。永初元年（107年），汉廷朝议认为："西域阻远，数有背叛，吏士屯田，其费无已。"[14]安帝从其议，罢西域都护，遣骑都尉王弘发兵迎还都护等。永初二年（108年）春，西域都护段禧、副校尉梁懂、骑都尉赵博及伊吾、柳中屯田吏士退回关内，西域复绝。北匈奴再次占据西域。

匈奴重新占据西域以后，胁迫西域车师等国侵扰河西地区，敦煌等郡深受其害。延光二年（123年），汉廷采纳敦煌太守张珰的建议，以班勇为西域长史，领兵五百，出屯柳中。次年，班勇亲赴楼兰，联络鄯善，又对龟兹等国晓以利害，龟兹王白英率姑墨、温宿归降。班勇调集三国军队万余人，攻车师前王庭，击走匈奴，打通了西域与敦煌间的交通。永建元年（126年），车师前后部及山北六国之地重新回到汉朝军队的控制之下。其后，龟兹、疏勒、于阗、莎车等西域十七国纷纷遣使入质，表示归附，葱岭以东的西域地区重新统一于东汉王朝。

《后汉书·西域传》称：自阳嘉（132～135年）以后，"朝威稍损，诸国骄放，转相陵伐。"其实在此之前，已有迹象显示，随着汉朝自身实力的衰弱，它在西域统治的诸多问题就已经开始暴露出来了。西域长史王敬被杀以及阿罗多事件、于猎中事件的发生，显现出东汉对西域统治渐弱并趋于瓦解[15]，此后西域诸国重新陷入割据纷争的战乱之中。汉献帝建安七年（202年），于阗国献驯象[16]。延康元年（220年）三月，焉耆、于阗王遣使奉献[17]，这是史籍关于东汉时期西域的最后纪录。

三 两汉治理西域的措施

两汉对西域地区的管辖和治理的具体措施大致相似，可归纳为以下几个方面。

1. **设官置守**   神爵三年（前59年），西域都护府的设立，标志着汉与西域的关系发展到一个新的阶段，西域正式纳入汉朝版图，成为我国统一的多民族国家不可分割的一部分。

西域都护是汉朝在西域的最高军政长官，负责西域事务的管理，维护社会安定，保障东西方道路的畅通。戊己校尉及其所部是汉朝在西域主要军事力量。

册封是我国历史上国王或皇帝将爵位、称号通过一定的仪式授予其臣子、亲属、藩属的统治方式，商代就已行用。受封者对中央有定期朝贡的义务。通过册封确立中央和地方之间君臣、隶属或藩属关系。这一制度原本行使于内地，西汉时首次推行到西域地区。两汉王朝通过册封，将西域原有的职官纳入到统治体系中。《汉书·西域传》记载：西域"凡国五十。自译长、城长、君、监、吏、大禄、百长、千长、都尉、且渠、当户、将、相至侯、王，皆佩汉印绶，凡三百七十六人。"两汉王朝通过授予当地王侯官吏不同级别的官爵、称号，颁发印绶，使其管理当地具体事务。

2. **朝贡、遣子入侍**   接受册封的西域诸国有向汉朝朝贡的义务，由各国王公贵族或他们派出的使团，携带各种方物，定期前往长安进贡，沿途的驿置为他们提供食宿。汉朝政府在收到贡物后，往往赐以大量的绢帛，作为回馈。由于朝贡获利丰厚，西域诸国除国王外，王公贵族甚至大臣也纷纷派出使者争相前来朝贡，朝贡使团的规模不断扩大，朝贡的次数越加频繁[18]。

西域诸国与中原王朝的朝贡与回赐，表面上看是物品之间的交换，但我们绝不能将朝贡关系仅仅理解成是一种纯粹的经济关系，它正如有的学者所言："在某种意义上，可以把贡纳体系背后的政治原则理解成胡族人对汉朝皇帝统治的承认。""贡品是臣服的象征"[19]。

受封的西域诸国还需向汉朝遣送质子，即藩国国王、少数民族部落酋长将其子弟送往京城作为人质。质子被当做构成藩属关系的必备要件和藩国应尽的一项基本义务。

3. **驻兵屯戍**   屯田是由政府组织的农业垦殖活动，以从事农业生产者身份的不同，可分为军屯、民屯等不同形式。汉朝在西域的屯田是伴随着西汉对西域的用兵而开展的，其主要形式是军屯。

西汉一朝先后在伊犁河谷、渠黎、轮台、北胥鞬、焉耆、姑墨、车师、伊循等地屯田。东汉时期也先后在伊吾、楼兰、柳中等地屯田。这些屯田地点主要分布在西域的交通要冲和重要的防戍地区。屯田士卒平时从事生产，战时出征，是维护西域稳定的重要力量。

4．修筑军事设施　　汉塞或称边塞是长城及其附属的烽燧、亭、障、斥候组成的军事防御系统，西汉在西域驻军屯戍的同时，也在当地修筑了一系列的军事设施以加强对当地的统治。汉伐大宛以后，汉朝与西域间使者往来愈加频繁，为保障使者往来的畅通，西汉开始在敦煌至盐泽（今罗布泊）间修筑亭障。1941年，斯坦因在营盘至库车一线，发现了连绵不断的烽燧。这条烽燧线沿库鲁克塔格山南麓和孔雀河北岸，经沙漠至库尔勒，一直到库车西北为止，烽燧结构与甘肃境内汉代烽燧略同[20]。

5．军事征伐　　军事征伐是两汉王朝维护西域统治的重要手段。如遇军事行动，两汉王朝除了依靠驻扎在西域的戊己校尉兵及由内地派出的军队外，更为重要的是调集西域诸国兵，维护当地的政治军事安全。

综观两汉王朝对西域的管辖和治理，我们可以看出，两汉对西域的经营是两汉与匈奴之间矛盾斗争的直接结果。两汉对西域管辖和治理的深度和广度，除与两汉、匈奴实力强弱有关外，还与两汉中央实行的边疆政策不同有关。比较而言，西汉对西域的治理更为持久、深入，而东汉对西域的管辖因受其消极政策的影响，则表现为"三绝三通"的状态。两汉王朝管辖和治理西域的措施，如设官置守、朝贡、遣子入侍、驻兵屯戍、修筑军事设施、军事征伐等，为汉以后历代中原王朝所效法，成为中原王朝管辖和治理西域的基本措施，影响深远。

1　《史记》卷一百十《匈奴列传》。

2　《汉书》卷六十一《张骞传》。

3　《汉书》卷九十六上《西域传上》。

4　《汉书》卷九十六上《西域传上》。

5　《汉书》卷十九上《百官公卿表上》。

6　《汉书》卷九十六下《西域传下》。

7　《后汉书》卷八十九《南匈奴传》。

8　《后汉书》卷八十八《西域传》。

9　《后汉书》卷八十八《西域传》。

10　《后汉书》卷八十八《西域传》。

11　《后汉书》卷八十八《西域传》载："建武中，皆遣使求
　　内属，愿请都护。光武以天下初定，未遑外事，竟不
　　许之。"

12　《后汉书》卷八十八《西域传》。

13　《后汉书》卷八十八《西域传》。

14　《后汉书》卷四十七《梁慬传》。

15　余太山：《两汉魏晋南北朝与西域关系史研究》，中国
　　社会科学出版社，1995年，第76、100页。

16　《后汉书》卷九《献帝纪》。

17　《三国志》卷二《魏书·文帝纪》。

18　胡平生、张德芳编撰：《敦煌悬泉汉简释粹》，上海古
　　籍出版社，2001年。

19　余英时著，邬文玲等译：《汉代贸易与扩张》，上海古
　　籍出版社，2005年，第155页、159页。

20　陈梦家：《汉简缀述》，中华书局，1980年，第213页。

丝绸之路的开通及其对新疆历史的影响

陈　霞

"丝绸之路"是 Silkroad 的中文译名。1877年，德国著名地理学家李希霍芬在其名著《中国》一书中，把从河套地区出发、通过今新疆地区联结中国和印度、中亚以丝绸为主要贸易对象的交通道路名之为"丝绸之路"。一百多年来这一名称家喻户晓，并被广泛地使用，衍生出草原丝绸之路、海上丝绸之路、南方丝绸之路等子名称。2013年3月，我国学者叶舒宪撰文指出，有两千年历史的"丝绸之路"是由有四千年历史的"玉石之路"发展演变来的，所以提出用"玉石之路"或"玉石—丝绸之路"来代替或修正"丝绸之路"这一外来名称1。但是，不管是"丝绸之路"还是"玉石之路"或"玉石—丝绸之路"，从文明或文化交流角度看，其名字代号背后蕴含的本质—联结东方与西方的文明之路，是完全一致的。

"玉石之路"历史悠久，但开拓之人难以考证，而"丝绸之路"的开辟者却史有明载，传至今日被誉为"史家之绝唱，无韵之离骚"的汉代史书《史记》，记载了张骞对"丝绸之路"的开辟之功。张骞开辟"丝绸之路"是汉王朝开疆拓土成就帝王伟业的一部分，今新疆地区的历史也因这条道路的开辟而开始了一个新纪元。从此之后，作为祖国不可分割一部分的新疆，与祖国内地的联系愈来愈紧密，作为东西方文化交流的枢纽和中转站，其地位越来越重要。

一　张骞开辟丝绸之路

《史记》的作者司马迁是与张骞同时代的史学家，他在书中写道：张骞通使西域，"于是西北国始通于汉矣。然张骞凿空，其后使往者皆称博望侯，以为质（诚信）于外国，外国由此信之"2。此言中"张骞凿空"指的就是张骞开通中原与西域的交通，这条交通道路将欧亚大陆的东方与西方连接了起来，此东西交通大道即是我们现在熟知的"丝绸之路"。

张骞对丝绸之路的开辟，缘于他的两次西使，每次他都肩负汉廷的政治使命——寻联盟、共击匈奴，虽然两次他都"不得要领"无功而返，但他西行开辟的东西方交通之道于文明或文化上的意义很快就超越他出使的政治意义，并为后世所称颂。

1．张骞第一次西使，联络大月氏共击匈奴　　汉朝建立直至武帝继位初期，匈奴都是汉朝强大的对手，"白登之围"后，汉以公主和亲、奉送玉帛等退让、求和之策换取沿边北部地区"和平"，但这种"和平"屡屡被匈奴的扰边所打破。公元前140年，雄才大略的汉武帝即位，为了打败强大的宿敌—匈奴，他制定了远交近攻的战略，决定联络被匈奴打败西迁的大月氏，共同夹击匈奴。武帝在全国招募出使大月氏的使臣，张骞应募成为完成这一出使任务的使节。公元前138年，张骞与匈奴人甘父带领百余人庞大的使团从长安出发，刚到河西地区便被匈奴俘获。被流放漠北十一年后，张骞逃了出来，他持汉节继续西行，到了大宛（今乌兹别克斯坦的费尔干纳地区），之后来到康居（今乌兹别克斯坦的撒马尔罕），最后到达了今阿姆河流域大月氏人的国度。这时的大月氏刚刚打败大夏成为这里的主人，大月氏人得悉张骞来意后，表示不愿向匈奴报仇，因为他们已经满足于这块丰美的地方了。张骞"不得要领"，踏上了归程。他沿昆仑山北麓东返，途中再次被匈奴人俘获，一年后，他趁匈奴内乱与他的匈奴妻子及助手甘父一起逃离，于公元前126年返回了长安。回到长安后，他将十三年西行、东归的经历、见闻向武帝汇报，这让汉朝了解了西边的世界。他所过之地的地理、物产、风俗习惯等情况亦被史籍记录下来，如《史记》所言："大宛之迹，见自张骞。"这些信息为汉王朝经略西域、开辟通西域的交通道路提供了资料，当然也为汉王朝制定战胜匈奴的战略提供了参考。

2．张骞第二次西使，汉与西域建立联系　　在经历了汉王朝漠南、河西两次打击之后，匈奴势衰力弱，单于为避汉军锋芒远走漠北，通西域的重要路段河西走廊转为汉王朝所控。为彻底打败匈奴，汉武帝"数问骞大夏之属"，张骞提出了如下建议："今诚以此时而厚币赂乌孙，招以益东，居故浑邪之地，与汉结昆弟，其势宜听，听则是断匈奴右臂也。既连乌孙，自其西大夏之属皆可招来而为外臣。"[3]张骞主动请命，出使西迁伊犁河流域的乌孙。公元前119年，张骞第二次西使，他率领300人的使团，每人备马两匹，带牛羊万头和价值"数千巨万"的金帛货物。使团到了乌孙，张骞没能说服乌孙王东返"天山祁连间"的故地，期间张骞分遣副使"使大宛、康居、大月氏、大夏、安息、身毒、于阗及诸旁国"[4]。公元前115年，张骞返回长安，与他同来的还有乌孙数十人的报谢使团，这些人亲眼目睹了富足强大的汉朝，他们"归报其国，其国乃益重汉"，最终确立了双方和亲结盟的政治联姻关系。

公元前114年，也就是张骞从乌孙返回长安的第二年，张骞去世。由他分遣的副使们到了安息（波斯）、身毒（印度）、奄蔡（在咸海与里海之间）、条支（安息属国）、犁轩等地。在他去世后，这些使者陆续返回汉朝，"其后岁余，骞所遣使通大夏之属者皆颇与其人俱来，于是西北国始通汉矣"[5]。他们带回更多西方各地的信息和物产，这些国家后来也不断派使者来到汉廷。张骞两度西使后，由他踏出的这条道路上出现了东来西往的繁忙景象。

汉王朝为赢得对匈奴战争的胜利，两度以张骞为使节，联络大月氏、结援乌孙，他以超人的毅力，虽没有达到出使的政治目的，但他成了中原通西域道路的开拓者，亦为他赢得了"博望侯"、"奉使之张骞苏武"的美名和赞誉，他两度西使了解到的西域诸国的信息，成为汉廷建设和维护丝绸之路的依据。

二 汉朝建设和维护丝绸之路

联结东西方的丝绸之路全长7000余千米，横贯欧、亚两大洲，其中在我国境内有1700多千米。从长安出发经过河西走廊到玉门关、阳关的这一段称丝绸之路东段，从玉门关、阳关以西到帕米尔和巴尔喀什湖以东以南地区的这一段被称为丝绸之路中段，也被称为西域道，西域道以西，南到印度，西到欧洲的境外路段通常被称为丝绸之路西段。张骞开辟丝绸之路这条东西大道之前，中亚、西亚和地中海沿岸地区，由希腊人、波斯人开辟的这些地区与欧洲的交通道路也就是我们所说的丝路西段已经有了一定的发展，通过河西走廊沿天山以北到达中亚的道路（杨镰先生称之为天山走廊）对游牧人来说早已不陌生，如大月氏和乌孙的西迁都是沿此路到达伊犁河流域，而通过塔里木盆地的道路，由于自然环境恶劣、绿洲小国林立且为匈奴所控，不便通行，河西走廊亦为匈奴占据，所以从中原地区到中亚甚至更远的西方之间的东西道路是没有贯通的，张骞两次西使后，在汉王朝的苦心经略下，畅通了丝路的东段——河西走廊和中段——西域道，东西交往之路最终才得以通达。

1. 列郡置关，汉廷建设河西长城防御体系，畅通河西走廊　　公元前128年，汉朝发动了对匈奴的漠南战役。此役后汉朝取得了"河南地"。公元前121年，汉朝于春、夏发动了两次针对匈奴西部的河西战役，汉军大胜，彻底摧毁了占据河西地区的匈奴浑邪王和休屠王两部势力，迫使两部四万余人降汉，从此"金城、河西并南山至盐泽空无匈奴"[6]。为"隔绝羌胡，使南北不得交"和畅通道路、方便西域诸国使节往来，汉遣张骞西使乌孙，欲说服乌孙东返居浑邪故地。此计落空之后，汉朝开始在空无人的浑邪故地进行置郡设县、筑塞立燧的行政建设和军事建设，众多举措使丝路东段的河西地区成为畅通的交通走廊。

汉在河西地区先设武威、酒泉二郡，后从两郡分别析出设立了张掖、敦煌两郡，合称河西四郡。公元前115年，汉筑令居城（故址在今甘肃永登县附近），又筑令居塞，此为汉河西长城首起之地，其东与沿黄河所筑的塞防相倚。公元前107年，汉在酒泉之西筑塞垣障燧，西至玉门关，在玉门关之南约80千米处置阳关。两关扼守着西域进出河西走廊的南、北两道，亦是中原进入西域的最后关口。包含了四郡、两关、墙垣、堑壕、城障、亭燧等防御设施在内的河西长城防御体系建立了起来，河西地区成为中原通西域交通大道的畅通走廊。

2．经略"楼兰道"，设"都护"，保护西域道之南北道畅通　　从长安或洛阳出发的丝绸之路经过河西走廊、出玉门关和阳关后进入西域，最先明确记载西域道的是成书于东汉的班固撰写的《汉书·西域传》。其言："自玉门、阳关出西域有两道。从鄯善傍南山北，波河西行至莎车，为南道；南道西逾葱岭则出大月氏、安息。自车师前王庭随北山，波河西行至疏勒，为北道；北道西逾葱岭则出大宛、康居、奄蔡焉。"黄文弼等学者已指出其中之误—此南、北两道为东汉时通西域的路线。孟凡人在将楼兰地区作为一个完整的地理单元和历史单元研究后认为："自汉以来内地通西域主要用'楼兰道'和'伊吾道'。西汉时期，由于'伊吾道'被匈奴阻断，所以只能利用'楼兰道'。""楼兰道始终是西汉通西域的唯一交通干线。"[7]他所言的楼兰道"是指从敦煌之西的玉门关或阳关，越三陇沙，过阿奇克谷地和白龙堆，经土垠（居卢仓）或楼兰古城，沿孔雀河岸至西域腹地之路。"[8]孟凡人将西汉对楼兰道的经营分成了初通"楼兰道"、打通"楼兰道"、完全控制了"楼兰道"和健全控制"楼兰道"的体制四个阶段，西汉"健全了在都护领导下，由居卢仓及沿线烽燧组成的防御体制，从而确保了'楼兰道'的畅通。"[9]。"楼兰道的出现标志着东西方文化交流的主干道—丝绸之路全线正式贯通。"[10]这是对"楼兰道"最好的评价。

按照《汉书·西域传》所言，西域南北道的起点分别在鄯善和车师，但王国维先生认为："今案汉时南北二道分歧不在玉门阳关，而当自楼兰故城始……然则楼兰以东实未分南北二道也。"孟凡人深入研究了黄文弼20世纪30年代发现的罗布泊东北部的土垠遗址，认为它就是史籍和出土的汉简中记载的"居卢仓"。其职能一是仓储，二是交通站。它是西汉唯一交通干线"楼兰道"的咽喉，是南北道的分途点，"东通敦煌，西通渠犁、龟兹和乌孙；南通伊循接西域南道；北通车师连接西域北道，并可达天山北麓地区"[11]。

西汉为通西域全力经营楼兰道，从武帝感张骞之言欲通大宛国，到设立护南、北道的"都护"，凡五十余年，我们从孔雀河北岸至今还留存的连成一线的汉代烽火台和土坝遗址、伊循故城以及史书中记载的傅介子刺杀楼兰王等记述，可以目睹和体会西汉为经略西域、开通西域道路付出的努力和作出的巨大贡献。

西域都护建立（前59年）之前，东天山一带为匈奴所控制，占据吐鲁番盆地的车师国亦受控于匈奴，过车师的西域北道远不如南道安全，所以北道所至的大宛、康居等国家与中原往来时，也多选择走南道，汉朝去大宛的使者如公元前65年冯奉世等也走的是南道。公元前60年，匈奴日逐王降汉，通过车师的北道畅通了，郑吉"遂并护车师以西北道，故号都护"。

3. 徐普开"新道"，东汉打通"伊吾路"　　汉平帝元始年间，任西域戊己校尉的徐普开通了一条从高昌至敦煌的"新道"，可以"省道里半"。其具体路线学界至今仍存争议，但西汉末徐普所开新道已经通行，如王莽天凤四年（17年），戊己校尉郭钦打击叛汉投向匈奴的焉耆，走的就是徐普开辟的新道，东汉对天山北麓匈奴的几次军事进击，走的也是"新道"。

东汉通西域的道路，亦分南北道。南道仍是自鄯善"傍南山北，波河西行至莎车"，北道则如《后汉书·西域传》"序"中所言："自敦煌出玉门、阳关，涉鄯善；北通伊吾千余里，自伊吾北通车师前部高昌壁千二百里。"有学者称之"伊吾路"。孟凡人先生认为："东汉通西域主要使用'伊吾路'。但是，由于东汉与匈奴的斗争形势变化莫测，很难确保'伊吾路'一直畅通，所以'楼兰道'仍被保留。"[12]

汉通西域的道路打通后，随着中西交往的增多，这一为"制匈奴"服务的军事干线，其政治、经济、文化功能越来越显著，它使汉王朝拥有了"广地万里，重九译，致殊俗，威德遍于四海"、"致四方异物"的帝国气象，这亦是汉之后历代欲经略西域的王朝重视维护和建设丝绸之路的根本原因，丝路的畅达亦为处于东西交通枢纽的新疆带来了巨大影响。

三　丝绸之路开启了新疆历史的新纪元

汉朝打通了通往印度和中亚的道路，这大大促进了陆路上中西文化的交流，对新疆地区的政治、经济、文化产生了深刻的影响，从此新疆地区的历史翻开了崭新的一页。

1. 以西域都护的设立为标志，新疆地区摆脱了匈奴的奴役，划入西汉王朝的版图，接受汉朝的治理　　公元前177年，匈奴右贤王侵扰汉河套以南地区，遭到汉朝谴责后，匈奴单于"故罚右贤王，使至西方求月支击之"，匈奴在向汉王朝通报击败月支的信中言："定楼兰、乌孙、呼揭及其傍二十六国，皆以为匈奴。诸引弓之民，并为一家。"这一历史记述显示，此时西域处在匈奴的统治之下。匈奴游牧军事政权由三部分构成，中部的单于庭和左、右贤王庭，西域是右贤王的属地，由右贤王之下的日逐王进行统治，统治西域的最高领导"僮仆都尉"驻守在今库尔勒附近。匈奴对西域诸国实行"赋税诸国，取富给焉"的政策，到西域各国的匈奴人，"持单于一信到国，国传送食，不敢留苦"。西域诸国被匈奴视为奴隶，是其与汉王朝打仗可以凭借的"府藏"。

　　为了打败匈奴、断其右臂，西汉王朝遣张骞西使联络大月氏，并开河西四郡、结援乌孙、征车师、伐大宛、收楼兰，苦心经营"通西域"的道路，地节二年（前68年）任命郑吉为"护鄯善以西使者"，使护鄯善以西诸国。公元前59年，任命其为护南北两道的"西域都护"，官署设在乌垒城（今轮台县策大雅）。西域都护代表西汉王朝管辖包括伊犁河流域的乌孙在内的西域诸国，同时也负有保障丝绸之路畅通的使命。通西域道路的畅通说明西汉王朝已将匈奴势力逐出塔里木盆地，西汉王朝在这里设官置守、行使管辖权，西域诸国包括距离王朝都城长安的交通距离等的情况均被记录于汉王朝官方史册，如对位于丝路南道精绝国的记载："王治精绝城。去长安八千八百二十里。户四百八十，口三千三百六十，胜兵五百人。精绝都尉、左右将、译长各一人。北至都护治所二千七百二十三里，南至戎卢国四日行，地厄狭。西通扜弥四百六十里。"[13]丝路的畅通将西域与西汉王朝紧密地联系在一起，从此成为祖国不可分割的一部分，西域的历史翻开了崭新的一页。

　　2. 丝绸之路的开通促进了汉代新疆地区经济社会的发展　　丝绸之路开通后，"使者相望于道，诸使外国一辈大者数百，少者百余人，人所赍操大放博望侯时"，"汉率一岁中使多者十余，少者五六辈，远者八九岁，近者数岁而返"。东汉时，"驰命走驿，不绝于时月。商胡贩客，日款于塞下"。这是汉代丝路繁荣景象的记述。丝路的兴旺与发展促进了东西方经济文化的交流，中国的丝绸、铁器、漆器等通过西域传到了西方，西方的玻璃制品、作为"贡品"的各类"方物"、物种（苜蓿和葡萄）等亦通过西域地区传入中国内地，在迎来送往的过程中，西域交通枢纽和中转站的地位愈发突显，而分布在丝路南北道上具有驿站性质的西域绿洲诸国亦受惠于这条东西大道。王炳华先生根据尼雅遗址发现的遗迹、遗物，记录了位于丝路南道的精绝小国因丝路的开通物质生活方面发生的显著变化。吮吸到东西方文明的营养后，精绝土地一天天显现出新的面貌，平实无华的木屋梁柱，出现了雕刻花卉图案的"坐斗"；普通土炕边，有了可以高坐的木椅；黄河流域巧手们织就的各种彩色斑斓的丝锦，轻薄柔软的丝绸，成了精绝王室贵族们的内衣、长袍；光可鉴人、图案变幻的铜镜，喜人的漆器，过去难以想象的瑰宝，如今却成了日常生活用器。从来不知文字为何物的精绝土地上，有了文字，内外联系、信息交流一下子变得远较既往清楚、准确。平日进食用小刀和手，现在知道了木筷。调味的胡椒、生姜，使肉类更加美味。蜻蜓眼般的料珠，被精绝人赋予了非凡的力量，成了命运攸关的护身符。还有珊瑚珠、珍珠、贝珠，更是从未见识的奇珍异宝，物质生活变化之迅捷，出乎精绝人的想象[14]。

精绝小国如上的变化只是当时西域分布在南北道诸国的一个缩影，而作为流通支付手段的钱币—和田发现的大量西汉五铢钱和汉佉二体钱，更说明了在丝路贸易的影响下，汉代西域诸国商贸经济的发展与繁荣。

更重要的变化反映在农业生产方面。为了维护丝绸之路的畅通，汉朝在丝路沿线进行屯田，屯戍部队战时为军，保护丝路的安全与畅通，平日则屯垦务农，减轻西域诸国供应使节、商客的负担。公元前92～前89年，搜粟都尉桑弘羊在关于西域屯垦的疏中说，轮台、渠犁"旁国少锥刀"，意思是这一带缺乏金属工具，屯田戍卒们来到西域后，将内地先进的生产和生活用具带进西域，如镰刀、锄、锛、铁犁铧等等，1978、1995年分别在昭苏和尉犁发现铁犁铧，它们与中原汉代的铁铧形制相似。除生产用具外，屯田戍卒们也将内地先进的农田水利灌溉技术引入西域。根据考古发现，内地先进的冶金、制陶技术以及栽桑养蚕技术，也是丝路开通后引入西域的，如尼雅、库车、洛浦等地发现的冶铁、炼铜遗址中，可以看到这些技术所受中原地区的影响。这些先进的工具和技术大大促进了西域诸国经济社会的发展，其结果是，西域三十六国和小国寡民的历史状况让位于崛起的鄯善、于阗、龟兹、车师（及以后的高昌）、疏勒及焉耆等几个较大政权，它们称雄于汉之后的历史舞台，并对公元3世纪后的西域史产生巨大影响。

3．丝绸之路的开通，促进了多元文化在汉代新疆地区的交融　　从目前的考古发掘来看，张骞"凿通"西域前，地处欧亚结合地带的这里就是东西方人群交汇的地方。人是文化的载体，生活在这里的早期居民，其人骨体质表现出的东西方人种混杂特征是文化交融最直接的体现。丝路开通后，西域地区与东西方的人群交往增多了，文化交流加强了，西域诸国之间人群的联系更为频繁，交流也更为便利。文化随着人群的往来而流动，外来的文化与西域诸国原有的文化交汇、碰撞，当地居民吸收、借鉴外来文化之后，创造出具有融合特征、极有魅力的西域文化，这最先被斯坦因感受和欣赏。1901年元月，他来到后被他称为"我的庞贝"的尼雅遗址（汉代精绝国）。"耐着彻骨的寒冷，认真检视每天的猎获物，清楚地感受到相关文物后面混融着黄河流域、印度河流域以及希腊化的中亚文明的特征。"

最能体现汉代西域人民融汇东西方文明成果进行创造的文化产品莫过于木质佉卢文简牍了，它的形式与内容最能反映汉代西域的文化与历史。佉卢文简牍主要发现于丝路南道从和田至楼兰古城一线的遗址中，尤以汉代精绝国的尼雅遗址出土的数量最多。佉卢文简牍有楔形、矩形、长方形等形式，封缄方式为细绳捆绑、填塞封泥并在封泥上加盖印记。这些都模仿自汉地竹、木简牍制度。封泥印文有汉文"鄯善郡尉"（亦有释读为"鄯善都尉"）篆体印记，但更多的印文图案是斯坦因"自己熟悉的雅典娜、伊洛斯、赫拉克勒斯、宙斯神像"。简牍所用的文字是公元前1世纪至公元3世纪大月氏人建立的贵霜王朝的官方文字，这种文字曾通行于今印度西北部、巴基斯坦、阿富汗、乌兹别克斯坦和塔吉克斯坦。随着佛教传播和商业贸易传入汉代丝路南道于阗至鄯善王国一带，成为继汉文之后这些地区使用的主要文字，它们被用来在最具汉文化形式的简牍上书写当地国王的谕令、社会经济文书、法律文书和佛教文献，这一文化创造体现的是多元文化在汉代新疆地区的交融。

汉代于阗国人为适应丝路贸易的需要，创造了和田马钱，这一西域式的无孔打压钱亦是多元文化交融的成果。正面一圈汉字篆文铭文为"重廿四铢铜钱"，中央的花纹或以为是"月桂树的环"，或以为是汉字"贝"。钱的背面中央为动物像（马或骆驼），周围有佉卢文或20字（骆驼纹为大钱）或13字（马纹为小钱）的铭文，译为"大王、王中之王、伟大者□□"。此钱的铸造和流行，在公元73年班超到于阗以后至公元3世纪末佉卢文在于阗不复通行以前。此钱是古于阗人吸取东西方文化后创造的。

丝路开通后，随着汉王朝对西域地区影响力的增强，汉文化对天山南北广大地区产生了强烈而深远的影响。这种影响就如汉代西域人制作兵器、工具时"颇得汉巧"一样，已经内化为其引进、吸收进而创造的基础与源泉，这就是为什么两汉时西域诸国"乐汉家礼仪"、仰慕汉文化存在的深层原因。

注 释

1 叶舒宪：《"丝绸之路"的前身为"玉石之路"》，《中国社会科学报》2013年3月8日第8版。

2 《史记》卷一二三《大宛列传》，第3169页，中华书局，1982年。

3 《史记》卷一二三《大宛列传》，第3169页。

4 《史记》卷一二三《大宛列传》，第3169页。

5 《史记》卷一二三《大宛列传》，第3169页。

6 《史记》卷一二三《大宛列传》，第3167页。

7 孟凡人：《楼兰新史》，第48、49页，光明日报出版社，新西兰霍兰德出版有限公司，1990年。

8 孟凡人：《楼兰新史》，第46页。

9 孟凡人：《楼兰新史》，第49页。

10 巫新华：《西域丝绸之路——孕育文明的古道》，《中国文化遗产》2007年第4期。

11 孟凡人：《楼兰新史》，第71页。

12 孟凡人：《楼兰新史》，第54页。

13 《汉书》卷九六《西域传》上，中华书局，1982年，第3880页。

14 王炳华：《精绝春秋——尼雅考古大发现》，第106页，浙江文艺出版社，2003年。